光を失って心が見えた

全《ぜん》盲《もう》先生のメッセージ

新井淑則・著

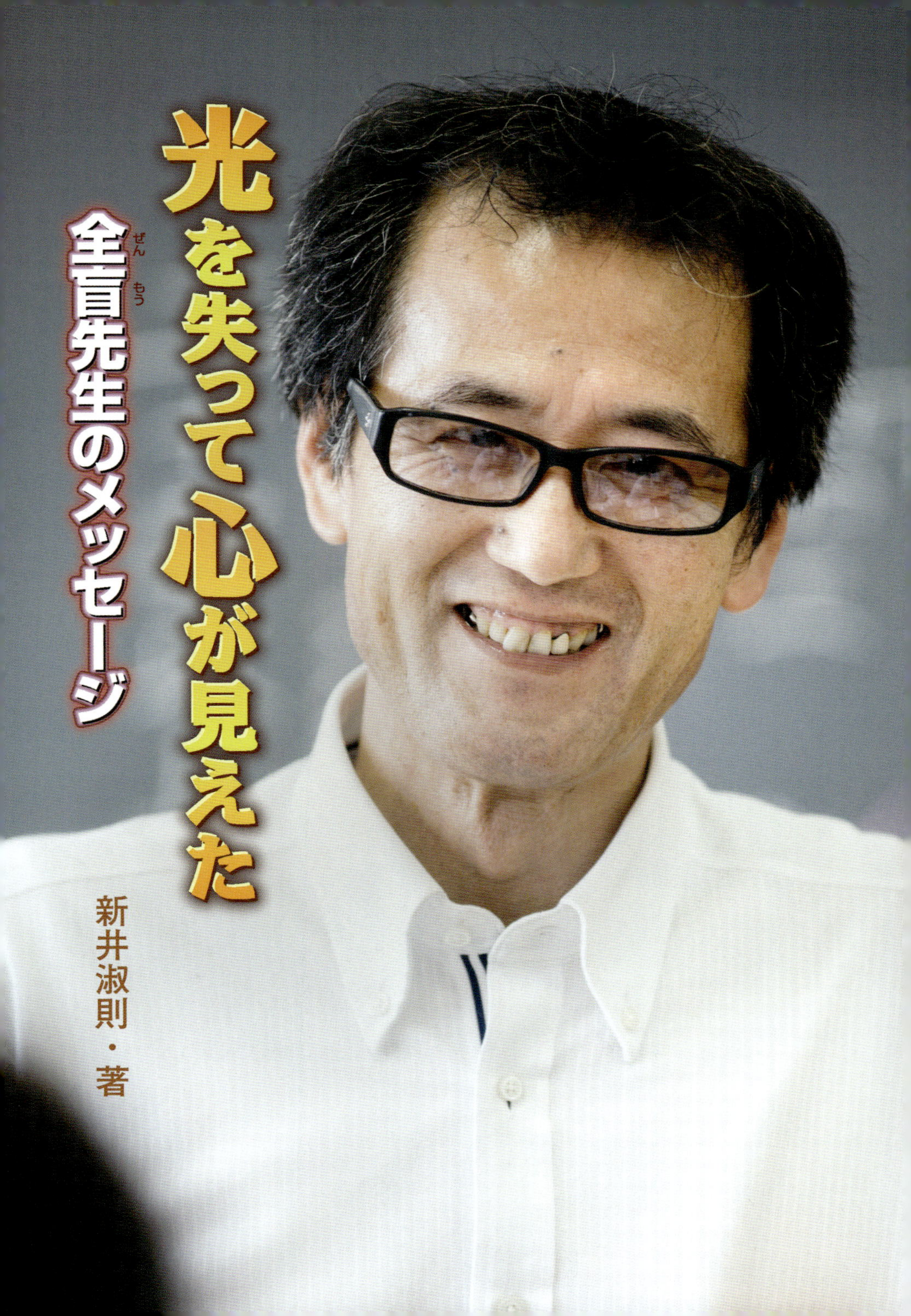

長瀞《ながとろ》中学校に着任《ちゃくにん》が決まったときから、埼玉県《さいたまけん》と長瀞町《ながとろまち》によって、野上駅《のがみえき》から学校まで点字ブロックが設置《せっち》された。線路ぞいを歩いて数分の道のりをリルのリードでさっそうと歩く。

1学期の国語の授業《じゅぎょう》では、目が見えないことや、盲導犬《もうどうけん》が気になっていた生徒たちだったが、3学期になると、自然体で授業《じゅぎょう》に集中するようになった。（長瀞《ながとろ》町立長瀞《ながとろ》中学校）

授業中《じゅぎょうちゅう》の机間指導《きかんしどう》。机《つくえ》の天板の裏側《うらがわ》には、点字で打たれた名前シールがはってあるので、だれがどこの席にいるのかすぐに確認《かくにん》できる。（長瀞町立長瀞中学校）

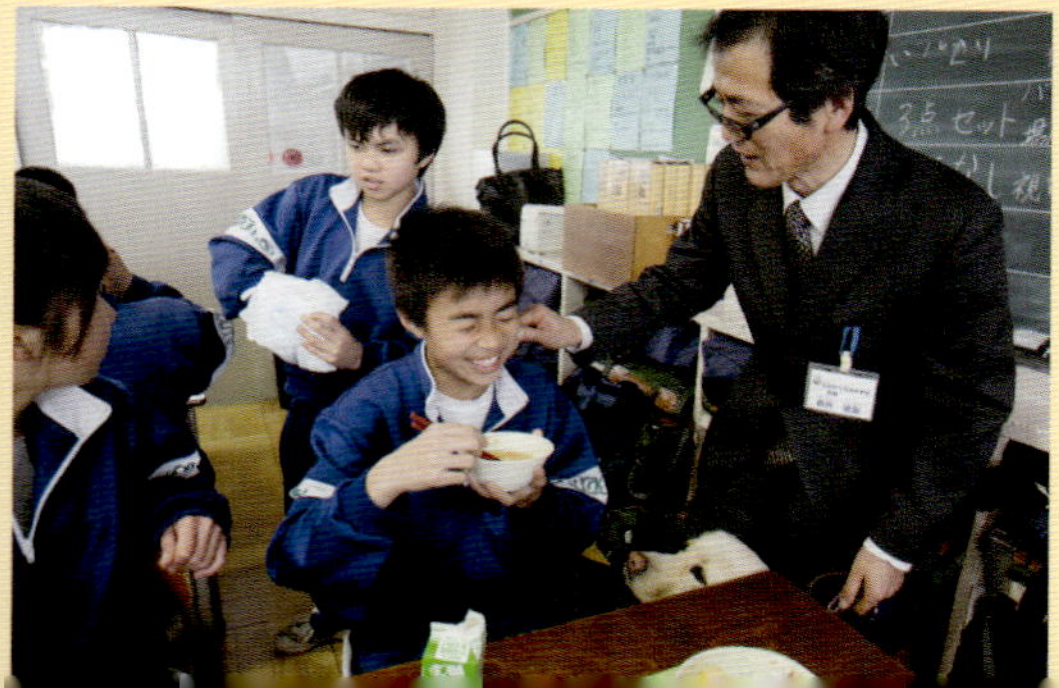

「おしゃべりしてないで、早く食べなさい」給食は生徒たちとのコミュニケーションの時間でもある。（長瀞町立長瀞中学校）

黒板にスケールをあてて文字を書く。最初のうちは生徒たちも興味《きょうみ》しんしんだったが、今では、ふつうの授業《じゅぎょう》風景だ。
（皆野《みなの》町立皆野《みなの》中学校）

生徒たちのつくった花道（?）の真ん中を通る著者《ちょしゃ》と誇《ほこ》らしげなリル。生徒たちもリルに話しかけたそうな、触《ふ》れたそうな…。でも、ハーネスをつけているときは、「仕事中」。がまんがまん。
（皆野町立皆野中学校）

点字器／小型で軽いので、会議などのメモをとるにはぴったり。ＩＣレコーダーとともに必需品《ひつじゅひん》。

ブレイルメモ／音声ガイドが付いていて、点字文書の作成・編集《へんしゅう》のほか、音声図書の再生やメモ録音《ろくおん》などもできるすぐれもの。

音声腕時計《うでどけい》／ボタンを押《お》すと自動的に音声で時刻《じこく》を知らせてくれる。時刻《じこく》合わせやアラーム設定《せってい》も音声で確認《かくにん》をしながら設定《せってい》できる。

結婚《けっこん》して2年目に長女・美希《みき》、誕生《たんじょう》。教師《きょうし》生活も家庭も充実《じゅうじつ》していた、28歳《さい》ころの著者《ちょしゃ》。

著者《ちょしゃ》26歳《さい》、妻《つま》・真弓《まゆみ》24歳《さい》のとき、同じ中学校で音楽教師《きょうし》をしていた真弓《まゆみ》と結婚《けっこん》。生徒たちに囲《かこ》まれて幸せいっぱいの二人。（1988年、秩父神社《ちちぶじんじゃ》にて）

いつも支《ささ》えてくれる最強のパートナー、妻《つま》・真弓《まゆみ》と記念ショット。リルもちょっとあてられ気味？

初めての海外旅行から10年目。それぞれに成長し、旅のガイドも成長ぶりが表れてきた。
著者《ちょしゃ》、妻《つま》・真弓《まゆみ》、長男・啓介《けいすけ》、次女・里菜《りな》。（2009年、フランス、フォンヴィエイユの風車小屋にて）

3代目の盲導犬《もうどうけん》リルは、体重20キロ。小柄《こがら》だけれど、やんちゃで元気なメスのラブラドール・レトリバー。授業中《じゅぎょうちゅう》にいびきをかくのが玉にきず!?

光を失って心が見えた

全盲《ぜんもう》先生のメッセージ

目次

第一章　笑顔《えがお》がはじける教壇《きょうだん》に立つ　5

第二章　暗闇《くらやみ》が教えてくれたこと　47

第三章
きみたちは一人じゃない　101

第四章
光の中を生きるきみたちへ　131

あとがき
見えなくなって見えてきたもの　162

詩　新《あら》井《い》淑則《よしのり》

《「障害者《しょうがいしゃ》」の表記について》

最近、都《と》道《どう》府《ふ》県《けん》や市町村のホームページや広報《こうほう》で、「障害者《しょうがいしゃ》」ではなくて「障《しょう》がい者《しゃ》」という表記に変わってきました。これは「障害者《しょうがいしゃ》」の「害《がい》」の漢字のもつ意味やイメージがあまりよくないということからです。

表記については、いろいろな意見があると思いますが、本書では原則《げんそく》として、「障《しょう》がい者《しゃ》」という表記に統一《とういつ》いたしました。

第一章

笑顔《えがお》がはじける教壇《きょうだん》に立つ

（長瀞《ながとろ》町立長瀞《ながとろ》中学校）

位置について

位置について！
肩《かた》の力を抜《ぬ》いて
大きく深呼吸《しんこきゅう》をしよう
足元をかためよう
手の位置を決めよう

用意！
背《せ》すじをのばそう
顔をあげよう
進む先を見つめよう
耳に全神経《ぜんしんけい》を集中しよう

ドン！
顔をあげて
胸《むね》をはって
大きく手をふって
足を高くあげて
常《つね》に前を見つめながら……

一人ではない
となりの友の息づかいを感じながら
先輩《せんぱい》の声援《せいえん》を受け
先生の励《はげ》ましをあび
家族が見守る中を……

今日がスタート！
ここが出発点！

新たなスタート

二〇〇八年（平成二十年）四月一日、待ち望んだ埼玉県秩父郡長瀞町立《さいたまけんちちぶぐんながとろ》長瀞《ながとろ》中学校着任《ちゃくにん》の日が来ました。期待と不安でいやがおうにも気持ちが高ぶります。まるで、小学校一年生の入学式のような思いで、妻《つま》と両親に送られて家を出ます。

自宅《じたく》のある秩父線皆野駅《ちちぶせんみなのえき》から電車で四つ目、野上駅《のがみえき》で降《お》ります。野上駅《のがみえき》から長瀞中学校へのルートは、着任《ちゃくにん》が決まってから、土曜、日曜日を利用して、パートナーのマーリンとともに何度も往復《おうふく》して練習しました。

「マーリン　ゴー（さあ、行こう）」

「マーリン　レフト（左へ曲がれ）」

「マーリン　ストレート（まっすぐ進め）」

わたしの声にも気持ちの高ぶりが出ます。そんな気持ちがマーリンにも伝わるのか、マーリンの動きがいつもより機敏《きびん》です。

校門を入ると生徒たちの歓声《かんせい》と拍手《はくしゅ》が聞こえます。耳を疑《うたが》いました。どうやら多くの生徒が拍手《はくしゅ》と歓声《かんせい》で、わたしとマーリンを出迎《でむか》えてくれているようです。女子生徒の「犬、かわいい！」という声も聞こえます。

何がなんだかわからないうちに、「おはようございます。わたしが校長の髙田忠一《たかだちゅういち》です。よろしくお願いします」と校長先生が固く握手《あくしゅ》してくれました。

「新井淑則《あらいよしのり》です。よろしくお願いします」とわたしもあわててあいさつを返します。

「先生、驚《おどろ》いたでしょう。全校生徒が花道をつくって、先生を迎《むか》えているんですよ」

その言葉を聞いたとき、感激《かんげき》のあまり涙《なみだ》があふれてきました。わたしとマーリンのために長瀞中学校の先生だけではなく、生徒までが全員で出迎《でむか》えてくれるなんて、と感激《かんげき》しました。

あとで聞いたのですが、四月一日に新しい先生を生徒と先生で出迎《でむか》えるのは、三年前から恒例《こうれい》になっているということでした。

網膜剥離《もうまくはくり》を発症《はっしょう》し、やむなく埼玉県秩父郡横瀬町《さいたまけんちちぶぐんよこぜ》立横瀬《よこぜ》中学校から転勤《てんきん》するときに、また必ず中学校に戻《もど》ると心に決めてから十六年目です。

養護《ようご》学校に転勤《てんきん》して二年後に、見えていた左目までが見えなくなり失明しました。三年間の休職後《きゅうしょくご》に養護《ようご》学校に復職《ふくしょく》しました。

そのときから、県教育委員会に中学校での勤務《きんむ》を訴《うった》え続けて十年目にやっと希望がかなったわけです。

「今日からお世話になります。新井淑則です。左にいるのが、パートナーのマーリンです。マーリンと共々よろしくお願いします。中学校は十六年ぶりです。しかし、そのときは目が見えていました。目が見えなくなって中学校で勤《つと》めるのですから、新任《しんにん》のつもりでやりたいと思います。できないこともたくさんあります。みなさんに助けてもらうことも多いと思います。できることは精一杯《せいいっぱい》やりたいと思います。どうぞよろしくお願いします」

これが職員室《しょくいんしつ》での、最初のあいさつです。

校庭からは、金属《きんぞく》バットの打球音と大きなかけ声、走りながらボールをける音、体育館では、ホイッスルとともにボールを追いかける足音……。

「ああ、時間がかかったけれども、やっとこの場所に戻《もど》って来たのだなあ」

と実感しました。

わたしはすぐに「淑則先生」と呼《よ》ばれることになりました。親しみを込《こ》めて呼《よ》んでくれるのだなと思ったら、なんと二十四人の先生のうちに新井先生が五人もいたのです。

わたしは一年生の副担任《ふくたんにん》として、一年生三クラスの国語を担当《たんとう》することに決まりました。国語科はわたしを含《ふく》め四人の先生がいます。三クラスともわたしは別の先生とペアで授業《じゅぎょう》を行います。英語でALT（外国語指導《しどう》助手）の先生とよく行われているように、二人一組で授業《じゅぎょう》を行うチームティーチングです。毎日一時間目は、四人の国語の先生で授業《じゅぎょう》を打ち合わせる時間になりました。そして、放課後《ほうかご》はその授業《じゅぎょう》を反省する話し合いをもつことになりました。

「淑則先生が主体的に授業《じゅぎょう》を行い、もう一人の先生が淑則先生のサポートに徹《てっ》しましょう」という約束でスタートしました。

しかし、いざ授業《じゅぎょう》が始まってみるとうまくいきません。ペアを組んだ先生方からは、

「生徒たちは授業《じゅぎょう》を一生懸命《いっしょうけんめい》聞こうとしているけれど、うまくいかないのはなぜだろう」

「生徒が無言でこちらを見てくるんだよ」

「そうそう、どうしたらいい？　という感じでわたしのほうを見てくるんだよ」

などの意見が出ました。

「われわれは淑則先生のサポートに徹《てっ》しようとするあまり、生徒のほうを見ていなかった。生徒も淑則先生に対して遠慮《えんりょ》があって、淑則先生の指示《しじ》がわからなかったり、もう少し時間が欲《ほ》しいと思ってもいえなかったりして、われわれに目で訴《うった》えてくるのだろう」

「われわれが生徒と会話することで、それが淑則先生にも情報《じょうほう》となる。サポートする側も積極的に授業《じゅぎょう》に介入《かいにゅう》していこう」

ということで、チームティーチングの方向転換《てんかん》が行われました。するとどうでしょう。授《じゅ》業《ぎょう》に活気が出てきて、授業《じゅぎょう》がうまくいくようになったのです。つまり、わたしへのサポートの仕方を考えるあまり、生徒の視点《してん》に立っていなかったのです。

しかし、みなベテランの先生方です。授業《じゅぎょう》開始から一週間ほどでそのことに気づき、修《しゅう》正《せい》が行われました。それからは、「生徒にとって理解《りかい》しやすいのは？　生徒にとってわかりやすいのは？」という視点《してん》で授業《じゅぎょう》を心がけるようにしました。

最初の授業《じゅぎょう》

四月十五日、一年C組四時間目。わたしが中学校に着任《ちゃくにん》して最初の授業《じゅぎょう》です。「もののの見えかた・もののの見かた」という題名で授業《じゅぎょう》を行いました。内容《ないよう》はわたしのオリジナルです。

まずは、わたしがパソコンを操作《そうさ》して、プロジェクターでだまし絵（トリックアート）を映《うつ》し出しました。一つの絵ですが、見方によって、おばあさんにも若い女の人の横顔にも見えるのです。

また、アヒルとウサギの両方に見えるもの、それから図形のトリックアートも二点用意しました。生徒が興味《きょうみ》を示《しめ》し、反応《はんのう》もまずまずです。

次に白紙の真ん中に「○」と「＋」を書いたものを配りました。左目を隠《かく》して、右目で「○」を見ながら、用紙を顔にゆっくりと近づけるように指示《しじ》します。すると生徒が次々に「『＋』が消えた！」と叫《さけ》びます。今度は右目を隠《かく》して、「＋」を見ながら、用紙を顔にゆっくりと近づけます。同様に、「あっ、『○』が消えた！」と声が上がります。これは人の網膜《もうまく》には、見えない部分、いわゆる「マリオットの盲点《もうてん》」というものがあるということを説明しました。

だまし絵（トリックアート）『娘《むすめ》と老婆《ろうば》』（W.E.ヒル画）
おばあさんと若い女の人。あなたはどちらに見えるかな?

授業《じゅぎょう》を次のようにまとめました。

だまし絵からわかったように、世の中のものは見方によって、二通りにも見えることです。けれども、二つは同時には見えないということです。そして物事は見ようとしないと見えないことがわかりました。また、人の網膜《もうまく》には盲点《もうてん》という見えない部分があるけれども、見えたように思い込《こ》んでいることがわかりました。

目が見えないわたしがあえて「ものの見えかた・ものの見かた」を教えるという逆転《ぎゃくてん》の発想《はっそう》です。

このあと、「国語の授業《じゅぎょう》におけるルール」というプリントを配布《はいふ》しました。それには国語の授業《じゅぎょう》の持ち物、テストのこと、ノートの使い方などのほかに、次のように付け加えました。

【国語の授業《じゅぎょう》のルール】

・国語の授業《じゅぎょう》は、言葉の教室です。正しい言葉づかいや、相手や場面に応《おう》じて言葉を使い分けることを学びましょう。

・チャイムで授業《じゅぎょう》が始められ、チャイムで授業《じゅぎょう》が終わりにできるようにしましょう。

（その後、ノーチャイムの試みが始まりました）

授業《じゅぎょう》の始めは「お願いします」、授業《じゅぎょう》の終わりには「ありがとうございました」と大きな声であいさつをしましょう。

・手をあげるとき、名前を呼《よ》ばれたとき、大きな声で返事をしましょう。

・指名されて答えがすぐに出ないとき、だまったままではわかりません。「わかりません」「今考えているところです」「質問《しつもん》（問題）の意味がわかりません」のいずれかをいってください。

・「こそあど言葉（指示語《しじご》）」、たとえば「この」「その」「あの」「どの」などは、できるだけさけてください。

「黒板の三時の方向です（クロックポジション）」「教科書二十七ページ六行目です」「黒板の左三十センチのところです」などと、できるだけ具体的にいってください。

ちなみに、クロックポジションとは、視覚障《しかくしょう》がい者《しゃ》に物の位置を知らせるための説明の仕方で、方向を時計の短針《たんしん》に見立てていいます。

・最後までいい切りましょう。

「はい、○○です」「はい、○○だと思います」

などと最後まで常《つね》にいい切ることを心がけましょう。

※教室以外でわたし（新井）に話しかけるときは、「一年○組、○○です」と名乗ってください。

楽しく充実《じゅうじつ》した授業《じゅぎょう》をつくっていきましょう！

各クラスともに国語の授業《じゅぎょう》の二時間目は、生徒の自己紹介《じこしょうかい》です。名前・出身小学校・趣《しゅ》味《み》や特技《とくぎ》、国語は好きか嫌《きら》いかとその理由です。一人ずつ前に出て自己紹介《じこしょうかい》をしてもらいます。最後に「オンリーワン」を聞かせてくださいとお願いします。

「このクラス（学年、学校）で○○なのは、ぼく（わたし）だけです」というものを話してもらいます。この「オンリーワン」がその人を特徴《とくちょう》づけるのに役立つからです。

「この学校で、家でヘビを三匹《びき》飼《か》っているのはわたしだけだと思います」

「この学年で、小学校三年から柔道《じゅうどう》をやっているのはぼくだけだと思います」

……さまざまなオンリーワンが飛びだして楽しくなります。

このとき、クラス全員の声をICレコーダーに録音《ろくおん》します。目の見えないわたしがこの録音《ろくおん》を繰《く》り返《かえ》し聞き、声を聞いただけで名前がわかるようになるためです。これは長瀞中学校へ来る前から、やろうと決めていたことです。そして、今も続けてやっています。

また、机《つくえ》の天板の裏側《うらがわ》に、その生徒の名前を点字で打ってはってあります。机《つくえ》の間をわたしが回っているときも、黙々《もくもく》とノートに書いている生徒はだれかな、と点字で確認《かくにん》するわけです。そうして、座席《ざせき》の位置でも生徒の名前を覚えるようにします。生徒は自分の机《つくえ》を三年間使います。机《つくえ》の天板の裏《うら》とはいえ、三年間、机《つくえ》の点字シールがはがされずにそのまま卒業します。ほとんどの生徒が、点字シールをそのままはっていてくれる、そんなところにも生徒の心づかいが感じられます。

盲導犬《もうどうけん》については、学年の生徒全員にオリエンテーション（方向づけ）をします。

「盲導犬《もうどうけん》は視覚障《しかくしょう》がい者《しゃ》の目になる大切なパートナーです。ハーネス（胴輪《どうわ》）をつけているとき、盲導犬《もうどうけん》は仕事中なので、頭をなでたり、名前を呼《よ》んだりしないでください。

盲導犬《もうどうけん》は人にほえたり、かみついたりすることはありません。むしろ、人が大好きで、名前を呼《よ》ばれたり頭をなでたりされるとうれしくて遊んでしまいます。盲導犬《もうどうけん》が仕事中に遊んでしまったら、わたしの命にかかわります。このことは、必ず守ってください」

逆《ぎゃく》に犬の嫌《きら》いな人には、「むやみに盲導犬《もうどうけん》を避《さ》けなくとも大丈夫《だいじょうぶ》です。盲導犬《もうどうけん》は嫌《きら》いな人に向かって行くようなこともありません」と最初のうちにきちんと伝えておきます。それでも犬好きの生徒は、「触《さわ》っていないよ。見てるだけだよ」といいながら、マーリンに近づいたり、はいつくばって、「伏《ふ》せ」をしているマーリンの顔に近づく生徒までいます。生徒にとっても、犬が教室にいることでいやされるといいます。教室に犬がいる、これがまさしく「人犬教育」ではないかと思います。

なくてはならないもの

国語の教科書は、すべて点字になっています。中学一年の国語の教科書一冊《さつ》を点字にすると、三十冊《さつ》の分冊《ぶんさつ》になってしまいます。点字には基本的《きほんてき》に漢字がありません（漢点字というのも考案されていますが、一般的《いっぱんてき》ではありません）。

点字はかな文字です。その五十音を、一マスに六つの凸点《とつてん》で表します。「あいうえお」の点字に、六の点を加えると、「か行」になり、五と六の点を加えると「さ行」になります。しくみとしては、ローマ字の「a・i・u・e・o」にkを加えて「カ行」に、sを加えて「サ行」になるのと全く同じです。ですから、点字を覚えるのは簡単《かんたん》です。難《むずか》しいのは、触読《しょくどく》といって、左手の人差し指の指先で点字に触《さわ》って読むことです。

初めは「こんなぽつぽつの点がどうやって読めるようになるのだろうか」と思っていました。それでも、毎日毎日触《さわ》っているうちに、一文字が単語に、単語が文節に、文節が一文になってきました。文章が読めるようになるまでに半年くらいかかりました。

長瀞中学校に勤務《きんむ》してから週一回二時間程度《ていど》、二人一組で「ねむの木」というグループの朗読《ろうどく》ボランティアの方が来てくれます。

先生方に配られた印刷物や国語の資料《しりょう》、生徒が書いた作文などを読んでもらっています。大切なものは、やはりＩＣレコーダーに録音《ろくおん》して繰《く》り返《かえ》し聞きます。

ボランティアの方々は年配の人が多いのですが、どの人も年齢《ねんれい》を感じさせないほど元気ではつらつとしています。「人のために何かをする、人の助けになる」というエネルギーが、アンチエイジングになっているのではないだろうかと思います。けれども、ボランティアの方々は、異口同音《いくどうおん》に「人のためにやっているのではなく、自分のためにやっているのです。こちらこそ、淑則先生から、パワーをいただいていますよ」といわれます。

授業《じゅぎょう》で使うプリントや授業《じゅぎょう》の計画、定期テスト問題はわたしがパソコンで作成します。パソコンに音声ソフトが入っており、その合成音声を頼《たよ》りに文章を作成します。文字通りブラインドタッチとなります。Aのキーを押《お》せば「ア」、Iのキーを押《お》せば「イ」と合成音がいいます。そして、変換《へんかん》キー（スペースキー）を押《お》せば「愛」が表示され、「アイスル」となるわけです。ARAIと押《お》せば「荒い」「粗い」「荒井」「洗い」「新居」……と変《へん》換候補《かんこうほ》が出てきて音声で説明してくれるわけですが、その中で「新しいのシン、井戸水のイ」という説明で「新井」というところで確定《かくてい》するわけです。

同音異字語《どうおんいじご》は日本語にとても多く、たとえば「こうか」は「効果」「硬貨」「降下」「高

朗読《ろうどく》ボランティアの人たちには、資料《しりょう》や生徒の作文など、必要な書類を読んでもらう。

授業《じゅぎょう》で使うプリントやテスト問題は音声ソフトの入ったパソコンで作成する。

価」「硬化」「高架」「校歌」……。変換候補《へんかんこうほ》を次々と音声で説明してくれますが、「こうかな？　こうかな？」と悩《なや》みます。ですからわたしが書いた文章には変換《へんかん》ミスが出てきますので、人に見せる文章は目の見える人に確認《かくにん》してもらうようにしています。

メールも同様に音声で確認《かくにん》しながら、文章を作成し、届《とど》いたメールは合成音声が読み上げてくれます。ホームページも文字情報《じょうほう》はすべて読み上げてくれます。今も新聞はパソコンで聞いています。大切な情報源《じょうほうげん》です。

パソコンにより視覚障《しかくしょう》がい者《しゃ》の読書も大きく変わりました。以前は読みたい本があれば、点字図書館からその本を朗読《ろうどく》したカセットテープを借りてきて、聞いてから返却《へんきゃく》していました。それがカセットテープからＣＤに変わり、今やインターネットの専用《せんよう》サイトから読みたい本を検索《けんさく》してダウンロードし、携帯《けいたい》プレーヤーで聞くことができるようになりました。視覚障《しかくしょう》がい者《しゃ》にとって大革命《だいかくめい》です。わたしの場合は読書というより「聴《き》き書《しょ》」ですが、好きなミステリー小説や週刊誌《しゅうかんし》まで一か月八タイトル、年間百タイトルほどの本を聴《き》いています。

『オツベルと象』

夏休み前の国語科の先生方との話し合いの中で、「九月の授業《じゅぎょう》でやる宮沢賢治《みやざわけんじ》の『オツベルと象』は、淑則先生がぜひ点字を読んで、生徒に聞かせてください」といわれました。わたしは「わかりました。やってみます」と答えたものの、全く自信がありませんでした。わたしに限《かぎ》らず、中途《ちゅうと》で失明して点字を習得《しゅうとく》した者は、スムーズにかつ長文を読むのは苦手です。

それでも、「やってみよう」と決意し、夏休みの間、ほぼ毎日全文を声に出して読みました。初めは全文を読むのに二時間近くかかっていましたが、目標タイムを四十五分に決め、時間を計って毎日繰《く》り返《かえ》しているうちに、わずかずつですが時間短縮《たんしゅく》できるようになり、夏休みも終わるころには、五十分を切ることができるようになりました。それと同時に、点字もかなりつぶれてしまっています。それでも読めるというのは、繰《く》り返《かえ》していくうちに覚えてしまったからです。

新学期が始まりました。

「今度の国語の授業《じゅぎょう》は、淑則先生の『オツベルと象』の範読《はんどく》でお願いします。そこで、第五日曜の象どもの怒《いか》りが爆発《ばくはつ》する『グララアガア、グララアガア』を学校中に響《ひび》き渡《わた》る大声でやってみてはどうですか。そうすれば、きっと生徒たちの印象に残りますよ」

と国語科の先生から提案《ていあん》されました。しばし考え、「やってみます」とわたし。

さあ、本番です。時間内に読みきることはもちろん、オツベルは威厳《いげん》をもって堂々と、白象はできるだけ優《やさ》しくかわいらしい声を心がけました。そして、九回出てくる「グララアガア、グララアガア」は、これ以上出ないという大声を出しました。

生徒たちは度肝《どぎも》を抜《ぬ》かれたようでしばしあ然。しばらくして笑顔《えがお》になりました。大成功です。その声は三階の教室から、一階の職員室《しょくいんしつ》、隣《とな》りの役場の教育委員会まで届《とど》いたそうです。

その後も、宮沢賢治《みやざわけんじ》の『オツベルと象』をやるときは、「グララアガア、グララアガア」と大声でやるのが名物となっています。

後年、卒業生に電車の中で会ったとき、「一年のときの新井先生の国語の授業《じゅぎょう》で覚えているのは、『オツベルと象』の『グララアガア、グララアガア』だけですよ」と、笑顔《えがお》でいわれました。

「えっ、それだけ……」とわたし。

生徒からの通信簿《つうしんぼ》

生徒たちには各学期の最後の授業《じゅぎょう》のときに、「今学期の国語の授業《じゅぎょう》を振《ふ》り返《かえ》って」という題名で感想文を書いてもらっています。国語の教師《きょうし》は、学期ごとに生徒一人ひとりに国語の評価《ひょうか》を出します。逆《ぎゃく》にこの生徒たちの作文は、生徒から先生への評価《ひょうか》、通信簿《つうしんぼ》ではないかと思っています。

一年生の一学期の作文には、

「目が見えない先生がどうやって授業《じゅぎょう》をやるのか心配だった」

「目が見えなくても、黒板に字がかけるので驚《おどろ》いた」

「授業中《じゅぎょうちゅう》、盲導犬《もうどうけん》が静かにしているので、すごいなあと思った」

二学期の終わりの作文には、

「毎週やっている漢字テストで、毎回満点をとれるようにしたい」

「『竹取物語』の暗誦《あんしょう》が難《むずか》しくて、なかなかできなかった」

「文法がよくわからなかったので、冬休みに復習《ふくしゅう》したいです」

そして、三学期の終わりの作文では、

「漢字が苦手だったけれど、毎週練習してできるようになってきた」

「『少年の日の思い出』の『ぼく』のチョウをこなごなにしてしまった気持ちが理解《りかい》できた」

一学期の終わりの作文では、どうしてもわたしに目がいき、多くの生徒がわたし自身のことに触《ふ》れていました。それだけ、どのように授業《じゅぎょう》をやるのだろうかと不安で注目していたのだと思います。盲導犬《もうどうけん》マーリンのことを書いた生徒も何人かいました。

二学期に入ると、もうわたしのことや、まして盲導犬《もうどうけん》マーリンのことを書く生徒はいなくなりました。どの生徒も自分自身の授業《じゅぎょう》の感想や反省を書いています。そして、三学期には、授業《じゅぎょう》全体を振《ふ》り返《かえ》って、「授業《じゅぎょう》がよくわかった」「国語がおもしろくなった」と書いてくれる生徒が多くなりました。

三学期には、わたしのことを書く生徒はいませんでした。「ちょっとさびしいなあ」と思った瞬間《しゅんかん》に気づきました。

「ああ、これでいいのだ。わたしが国語の教師《きょうし》として、生徒たちに受け入れられたのだ」と。一年かかって、生徒たちに受け入れられた証《あかし》なのだと思います。

国語の授業《じゅぎょう》では、わたしともう一人の先生がいるのが当たり前。盲導犬《もうどうけん》マーリンもいるのが当然となったのではないかと感じました。何よりも、「授業《じゅぎょう》がわかりやすい」「授業《じゅぎょう》がわかるから、おもしろい」という評価《ひょうか》がいちばんよいことですし、教える側としてもいちばんの喜びです。

二年目を過《す》ぎたころから、もっともっと生徒たちと関わりたい、生徒たちと喜びを共有したいという思いから〈学級担任《たんにん》〉をしたいという新たな希望が生まれました。

担任《たんにん》として入学式に臨《のぞ》む

二〇一四年（平成二十六年）四月八日午前十時、長瀞中学校の入学式でした。この日、新入生七十九名を迎《むか》えたのでした。

「司会の先生の「一年B組入場」の言葉に、わたしは体育館の入り口のレッドカーペットに立ちます。わたしの右手は副担任《ふくたんにん》の志賀麻衣子《しがまいこ》先生の腕《うで》に、左手は盲導犬《もうどうけん》マーリンのハーネスを持ち、うしろに四十名の生徒が続きます。レッドカーペットの上を一歩一歩踏《ふ》みしめて進みます。

入学式は新入生のためにあるのですが、わたしにとってもまさしく晴れの日でした。それは二十二年ぶりに中学校の学級担任《たんにん》になったからです。二十二年前は一人で学級担任《たんにん》をやっていました。今は副担任《ふくたんにん》の先生の手を借り、左手には盲導犬《もうどうけん》マーリンがいます。その姿《すがた》は、まさしく視覚障《しかくしょう》がいの教師《きょうし》が、これから学級担任《たんにん》として歩んでいく姿《すがた》だと思います。

長瀞中学校に来てから六年がたっていました。一、二年目は国語の授業《じゅぎょう》のことで精一杯《せいいっぱい》でしたが、三年目ごろから学級担任《たんにん》をやってみたいという思いが湧《わ》いてきました。その願いが七年目にして実現《じつげん》したわけです。

式は進行し「生徒呼名《こめい》」となりました。学級担任《たんにん》が生徒一人ひとりの名前を呼《よ》び、生徒は「はい」と返事をして、前方に立つ校長先生と握手《あくしゅ》をかわします。生徒もさぞかし緊張《きんちょう》していることでしょう。

（大きな声で返事をしてくれ。間違《まちが》いなく校長先生と握手《あくしゅ》してくれ）と心の中で念《ねん》じながら、一年B組の生徒の名前を順番に呼《よ》びました。

この日までにクラスの生徒四十名の名前を覚えました。でも、大事な式です。念《ねん》には念《ねん》を入れて、点字の名簿《めいぼ》で確認《かくにん》しながら、呼《よ》び上げるタイミングはうしろにいる副担任《ふくたんにん》の先生に肩《かた》をたたいて合図してもらいます。

無事に入学式が終わり、休む間もなく、今度は学級開きです。一年B組のクラスに生徒四十名、そして保護者《ほごしゃ》四十名、合計八十名が見守る中、わたしはまず、黒板に「新井淑

則」と大きく書き、

「わたしが一年B組の担任《たんにん》の新井淑則です。よろしくお願いします。わたしは目が見えません。ですから、盲導犬《もうどうけん》を使います。副担任《ふくたんにん》の先生やほかの先生方にも助けてもらいます。また、生徒のみなさんや保護者《ほごしゃ》の方々にも助けてもらわなければならないと思います。

でも、学級担任《たんにん》としての熱意はだれにも負けません。このクラスを、いじめのない、一人ひとりの違《ちが》いを認《みと》め、思いやりのある明るいすばらしいクラスにしたいという熱意です。視覚障《しかくしょう》がいで学級担任《たんにん》をやっているのは、わたしが〈日本で一人〉ですが、〈日本で一人〉の『で』『人』を取り、《日本一》のクラスにしたいと思っています。ご協力よろしくお願いします」

これがクラスでの最初のあいさつでした。

学級通信もその日に渡《わた》しました。学級通信のタイトルは「とらいあんぐる」。原点に戻《もど》ろうという思いから、新任教師《しんにんきょうし》になって初めて出した学級通信と同じにしました。当時は手書きを印刷したものでしたが、今はわたしが文章をパソコンでつくり、副担任《ふくたんにん》の先生にレイアウトしてもらいます。

「とらいあんぐる」に込《こ》めた意味は、三角形あるいは楽器のトライアングル。学校（担《たん》任《にん》）―生徒（子ども）―家庭（保護者《ほごしゃ》）の間で望ましい三角関係をつくりたいという願いからです。

担任《たんにん》の一日

学級担任《たんにん》の一日は、職員《しょくいん》の打ち合わせから始まります。打ち合わせが終わると自分のクラスに向かいます。生徒たちは静かに朝読書をしています。

その後、日直の司会によって、朝の会が行われます。朝の会は、健康観察、今日の予定、係や委員会からの連絡《れんらく》、そして担任《たんにん》からの話と続きます。ここでは、時間がないので担任《たんにん》としては連絡《れんらく》だけにとどめます。

四時間目が終わると、今度は給食準備《じゅんび》です。準備《じゅんび》から食事そして片付《かたづ》けまでを見守ります。学校全体の取り組みで、授業《じゅぎょう》が終わってから「いただきます」ができるまでの配膳《はいぜん》時間を十分間でやることにしています。生徒たちは授業《じゅぎょう》が終わった解放感《かいほうかん》から、一気に騒《さわ》がしくなり、まるでハチの巣《す》をつついたようです。はたして十分間以内に準備《じゅんび》ができるようになるときはくるのだろうかと思っていましたが、六月ごろにはスムーズにできるようになりました。

食事中は、副担任《ふくたんにん》の先生に前から全体を見てもらい、わたしは班《はん》の中に入って、生徒と話をしながら食べます。

班《はん》の生徒が、「三時の方向に味噌汁《みそしる》、九時の方向にご飯、十二時の方向の皿に鯖《さば》の味噌《みそ》煮《に》とサラダがあり、十一時の方向に牛乳、六時の方向にはしがあります」とメニューを説明してくれます。方向を時計の短針《たんしん》に見立てていうクロックポジションもすっかり定着したようです。

授業《じゅぎょう》が終わると、今度は「無言清掃《せいそう》」です。十五分間の清掃《せいそう》時間、いっさいしゃべらずに無言で取り組むという長瀞中学校の伝統《でんとう》です。単に無言というだけではなく、自らやることを考えて行動するというねらいもあります。

給食は、生徒たちの班《はん》に入って話をしながらいっしょに食べる。（長瀞町立長瀞中学校）

長瀞中学校伝統《でんとう》の「無言清掃《せいそう》」。いっさいしゃべらず黙々《もくもく》と掃除《そうじ》をする。
（長瀞町立長瀞中学校）

そのあとは帰りの会です。やはり、日直が司会をして、明日の教科連絡《れんらく》、係や委員会からの連絡《れんらく》、班長《はんちょう》からの一日の反省、一分間スピーチ（「最近感動したこと」など）はテーマを決めて一日一人が話をします。

そして最後に先生からの話となります。その日の評価《ひょうか》や、明日のことなどの連絡《れんらく》が主なものです。四月、五月は、授業中《じゅぎょうちゅう》の私語《しご》や、なぜ時間内で行動できないかなどの注意をすることが多かったのですが、そればかりではいけないと、よかったこと・ほめることを探《さが》して、ささいなことでもほめるように心がけました。

空き時間には一時間かけて生徒が提出《ていしゅつ》した生活記録や家庭学習ノートをチェックします。生活記録ノートには、毎日数行ですが、日記を書くところがあります。その日記を副担任《ふくたんにん》の先生に読み上げてもらい、わたしからのコメントを書いてもらっています。

「今日の部活動は、外をずっと走っていたので、とても疲《つか》れました」↓「部活動がんばっていますね」

「数学の宿題がわからなかったので、兄に教えてもらいました」↓「お兄ちゃん頼《たよ》りになるね」

この生活記録を読んでもらうことが、一人ひとりの生徒の日々を知る大切なものだと思っています。ですから、この時間を時間割《じかんわり》の中に組み込《こ》んでもらっています。よかったこととしては、職員室《しょくいんしつ》で副担任《ふくたんにん》の先生が読み上げるものですから、一年B組の生徒たちのことをほかの先生も共有できるようになりました。

このほかにも、学級担任《たんにん》としては、道徳《どうとく》・学級活動・総合的《そうごうてき》な学習の時間を担当《たんとう》します。こうして、学級担任《たんにん》の一日が過《す》ぎていきます。

「無言清掃《せいそう》」と並《なら》んで、長瀞中学校の特徴《とくちょう》としては「ノーチャイム」というものがあります。授業《じゅぎょう》の開始と終わりを告げるチャイムが終日鳴りません。生徒が主体的に時間を見て、自主的に行動するための取り組みです。わたしはできるだけ早く授業《じゅぎょう》をするクラスに行き、生徒との会話をするように心がけています。そこには、授業《じゅぎょう》では見せない生き生きとした生徒がいるからです。

わたしと生徒たちの一年

一年B組は、男子二十六名、女子十四名で合計四十名のクラスです。男子が十二人多いため、全体的に幼《おさな》い感じがします。そして、明るく元気なクラスです。とりわけ、男女わけへだてなく仲《なか》がよいのです。

■四月　中学校生活に一日も早く慣《な》れるように支援《しえん》していきます。大き目の制服《せいふく》や、教科書やワークブックがたくさんつまった重いかばんに慣《な》れてほしいと思っています。後半には部活動見学―仮入部《かりにゅうぶ》―本入部と段階《だんかい》を経《へ》て、三年間続ける部活動を決めます。

■五月　体育祭があります。一クラスを三グループに分け、赤団《あかだん》・黄団《きだん》・青団《あおだん》とし、一年から三年の縦割《たてわ》り集団《しゅうだん》を組織《そしき》します。三年生の団長《だんちょう》を中心として、大縄跳《おおなわと》びやリレー、団《だん》体競技《たいきょうぎ》や団体演技《だんたいえんぎ》に取り組みます。わたしの出場する玉入れと綱引《つなひ》きでは、盲導犬《もうどうけん》マーリンが競技中《きょうぎちゅう》ずっとほえているのも恒例《こうれい》となりました。

■六月　部活動の大会があります。三年生にとっては最後の大会になり、一年生にとっては初めての大会です。たとえ応援《おうえん》だけだとしても、自分の役割《やくわり》をきちんと果たすことと、先輩《せんぱい》たちの戦いぶりをしっかりと見ることを伝えました。

■七月　一年生の校外学習があります。この年は、「川越《かわごえ》めぐり」でした。蔵造《くらづく》りの町で知られる小江戸《こえど》・川越《かわごえ》を班《はん》で回ります。

■八月　夏休みには、家庭訪問《ほうもん》があります。学級担任《たんにん》としての大切な仕事です。わたしは副担任《ふくたんにん》の志賀《しが》先生の車に乗せてもらい、盲導犬《もうどうけん》リルとともに生徒の家を訪問《ほうもん》しました。どの家庭も快《こころよ》くリルを迎《むか》えてくれました。短時間でしたが、生徒の家庭での様子や学校の様子など保護者《ほごしゃ》の方と話し合いができました。全家庭を訪問《ほうもん》し終えたときは、担任《たんにん》としての責務《せきむ》を果たせたとほっとしました。猛暑《もうしょ》の盛《さか》り、新人リルもがんばりました。

■九月　長瀞中学校の伝統《でんとう》行事の文化祭があります。全クラスが演劇《えんげき》に挑戦《ちょうせん》します。

一学期の終わりに、オーディションと係り分担《ぶんたん》の希望をとり、夏休みの間に、わたしがシナリオを書き、配役と分担《ぶんたん》を決めました。演目《えんもく》は、だれもが知っている『裸《はだか》の王様』を選びました。しかし、シナリオはわたしの完全オリジナルです。主役の王様がラストシーン、裸《はだか》で堂々と演技《えんぎ》できるかが勝負です。
文化祭当日の舞台《ぶたい》は、一年B組の力を集結して、最高の劇《げき》になったと思います。協力することの大切さ、協力して一つのものをつくりあげる喜びがわかったのではないでしょうか。

■十月　部活動の新人戦、校内では合唱コンクールがありました。部活動を始めて半年たち、暑い夏の練習を乗り越《こ》えて、ひと回り成長した生徒たちです。
一年B組の自由曲は副担任《ふくたんにん》の志賀《しが》先生と生徒たちとで決めた『明日へ』（作詞《さくし》・作曲／富岡博志《とみおかひろし》）です。わたしは一度聞いただけでビッビッと体の中に電流が走りました。今の一年B組にピッタリの曲です。いや、一年B組のための曲だとさえ思いました。

みんなで、輝《かがや》く明日へと走って行こう！

マーリンの引退式《いんたいしき》

二〇一四年（平成二十六年）五月三十日、一年B組の帰りの会のときのことです。

学級委員が突然《とつぜん》「これからマーリンのお別れ会を行います」と宣言《せんげん》しました。そして「マーリン、今まで一生懸命《いっしょうけんめい》仕事をしてお疲《つか》れさまでした。引退《いんたい》しても、いつまでも元気でいてください」と作文が読まれ、金メダルを首にかけてもらいました。そのあと、全員で写真を撮《と》りました。

わたしとマーリンは突然《とつぜん》のお別れ会に驚《おどろ》き、涙《なみだ》が流れました。

そうです。マーリンは、今日盲導犬《もうどうけん》を引退《いんたい》するのです。マーリンはわたしにとっては、二代目の盲導犬《もうどうけん》になります。オスのラブラドール・レトリバーで体重三十キロ。おとなしく優《やさ》しい盲導犬《もうどうけん》でした。長瀞中学校で六年間過《す》ごし、多くの人に愛されてきました。しかし、最近はすぐにダウン（伏《ふ》せ）してしまい、階段《かいだん》の昇《のぼ》り降《お》りをひどく嫌《いや》がるようになってしまったのです。そこでわたしも引退《いんたい》させることを決意したのです。

新しいパートナー

マーリンの引退後《いんたいご》、わたしは四週間の休みをとって、アイメイト協会で次のパートナーになる盲導犬《もうどうけん》との合宿に入りました。

三代目の名前はリル。メスのラブラドール・レトリバーで体重は二十キロ。初めてのメスです。オシッコをするとき足を上げません。メスだけれども、元気がよくやんちゃそうです。このリルと新たな物語をつくっていこうと思います。

盲導犬《もうどうけん》リルの一日を紹介《しょうかい》しましょう。

朝五時半に起きると、リルは待ちきれず大急ぎで居間《いま》に向かいます。食事の時間です。えさを前にして「ウエイト（待て）」というと、もうよだれがたれてきます。「オーケー（よし）」というと、ドライのドッグフード三百グラムを一気に食べつくします。

そのあと、排泄《はいせつ》のため外に出します。続いて、リルの歯みがきとブラッシングです。それがすむと、居間《いま》のハウスで待機です。

リルの準備《じゅんび》が終わると、わたし自身の支度《したく》を始めます。顔を洗《あら》い、着替《きが》え、朝食をとります。

朝七時過《す》ぎ、ハーネス（胴輪《どうわ》）をつけ、服従訓練《ふくじゅうくんれん》、シット（座《すわ》れ）、ダウン（伏《ふ》せ）、ウエイト（待て）などの基本訓練《きほんくんれん》をして、出勤《しゅっきん》のため駅に向かいます。

電車がホームに入って来ると、リルが電車のドアを探《さが》します。車内に入ると空いている席を見つけて、あごを乗せて知らせます。わたしが座席《ざせき》に座《すわ》ったら、わたしの足元に伏《ふ》せます。

目的地に到着《とうちゃく》すると、今度は電車のドアを探《さが》し、降《お》りてから改札を見つけます。

駅を出たら、学校に向かいます。途中《とちゅう》で小学生の通学班《つうがくはん》とあいさつを交《か》わしてすれ違《ちが》います。横断《おうだん》歩道の押《お》しボタンを探《さが》したら、セーフティーゾーン（交差点などで、通行する車などの安全な走行を誘導《ゆうどう》するためのもの）で待ちます。

学校に到着《とうちゃく》すると正面玄関《げんかん》の階段《かいだん》の手前で止まり、入り口のドアを探《さが》します。

今日も無事に学校に到着《とうちゃく》しました。

職員室《しょくいんしつ》ではハーネスをとってひと休み。朝の先生方との打ち合わせが終わったら再《ふたた》びハーネスをつけて、一年B組に向かいます。

一年生の教室は三階にあります。階段《かいだん》を見つけたら、前足を一段目に乗せて止まります。

「ここから階段《かいだん》ですよ」

「グッド（よし）、ゴー（進め）」

軽《かろ》やかに階段《かいだん》を上り、階段《かいだん》のいちばん上でやはり止まります。「ここで階段《かいだん》終わりです」という合図です。

教室に入ったら、教室のすみでダウン（伏《ふ》せ）をして待ちます。

授業中《じゅぎょうちゅう》、生徒からは「淑則先生、リルが床《ゆか》をなめています」とよくいわれます。また、家で犬や猫《ねこ》を飼《か》っている人に近寄《ちかよ》って、鼻をクンクンしてにおいをかぐのが困《こま》りものです。

こうして、授業《じゅぎょう》をする教室や職員室《しょくいんしつ》、トイレと学校にいる間、行動をともにします。一日に二、三回リルの排泄《はいせつ》のために校舎《こうしゃ》の外に出ます。それと二、三回の水分補給《ほきゅう》です。

会議中、リルはわたしの足元でいびきをかくのが玉にきずです。

野《の》上駅《がみえき》から学校までは、慣《な》れた道のり。リルのリードで安心通勤《つうきん》。

「こら、リル。いびきをかいていたら、わたしが疑《うたが》われるじゃないか」

仕事が終わると、朝来たときと逆《ぎゃく》にたどり、電車に乗って家に帰ります。家では、ハーネスをとり、居間《いま》のハウスで寝《ね》ています。遊んでほしいときは、リルからわたしに飛びついて来てはげしくじゃれます。ひとしきり遊ぶと、また寝《ね》ています。

我《わ》が家には以前から猫《ねこ》が二匹《ひき》いるのですが、特別ケンカすることもなく、とりわけ仲《なか》がいいわけでもなく、互《たが》いにわれ関せずといったところです。

寝《ね》る前には、リルを排泄《はいせつ》に出してから、いっしょに部屋に行き、頭をなでて一日が終わります。

「お疲《つか》れさま。おやすみ、リル」

母校の教師《きょうし》として再出発

二〇一五年（平成二十七年）四月、七年間勤務《きんむ》した長瀞中学校から埼玉県秩父郡皆野町《さいたまけんちちぶぐんみなのちょう》立皆野《りつみなの》中学校に転勤《てんきん》しました。皆野中学校はわたしの母校であり、皆野町はわたしの地元です。けれども皆野中学校は数年前に改築《かいちく》され、わたしの記憶《きおく》にある校舎《こうしゃ》は一つもありません。わたしの中学校時代と同じなのは、校庭の位置と校歌だけです。

中学校時代も徒歩通学していましたが、また、自宅《じたく》から中学校まで徒歩通勤《つうきん》です。中学校時代は同級生といっしょに通学していましたが、今度は盲導犬《もうどうけん》リルといっしょです。

転勤《てんきん》にあたって、教育委員会が中心になり、音声信号や点字誘導《ゆうどう》ブロック、横断《おうだん》歩道などを新たにつくってくれました。けれども、自宅《じたく》から一・六キロ、約二十分の道のりは危《き》険《けん》な場所もあります。四月のはじめ、不安な顔でリルと歩いていたのでしょう。

「おはようございます。淑則先生、いっしょに行きましょう。つかまってください」と声をかけてくれた中学三年生の女子がいました。次の日は中学二年生の女子が同じように声をかけてくれました。おかげで気持ちよく、かつ安全に通勤《つうきん》することができました。

長瀞中学校から引き続いて来てくれている、朗読《ろうどく》ボランティアの「ねむの木」の人に、

「生徒さんといっしょに学校に行くところを見ましたよ。早くも思いやりの芽が出ました

ね」といわれました。

四月初めの職員会議《しょくいんかいぎ》で先生方にわたし自身のことを伝えました。わたしの目の状態《じょうたい》、これまでやってきたこと、そして先生方にお願いすることを伝えました。

四月八日の入学式、四月二十五日の授業参観《じゅぎょうさんかん》・保護者会《ほごしゃかい》では、保護者《ほごしゃ》に向けてわたし自身のことを説明しました。保護者《ほごしゃ》の中には、わたしの同級生や教え子などもいて、なつかしいやら心強いやらでうれしくなりました。

長瀞中学校でやっていたように、生徒全員にガイドをさせて、班《はん》の中に入って給食を食べる取り組みも始めました。

先生方や生徒たちとの新たな人間関係をつくっていかねばなりません。地元のために、新たな気持ちで再出発《さいしゅっぱつ》です。いずれはまた、学級担任《たんにん》をやってみたいと思っています。

第二章

暗闇《くらやみ》が教えてくれたこと

人の心は

人の心はどこにある
人の心は心臓《しんぞう》に
人の心はどこにある
人の心は頭の中に
人の心はどこにある
人の心は人と人の間にある

その人を思うとき　その人を避《さ》けるとき
その人に気づいてほしいとき
その人に無視《むし》されたとき
その人を愛するとき　その人を憎《にく》むとき
人の心はわたしとその人の間にある

確《たし》かめてみよう
その人に向き合って
その人に微笑《ほほえ》んで
その人と握手《あくしゅ》して
わたしとその人の間に心があることを

教師《きょうし》生活のスタート

一九八五年（昭和六十年）、大学を卒業すると念願《ねんがん》かなって中学校の国語の教師《きょうし》となりました。新任《しんにん》のわたしが最初に勤《つと》めた学校は、地元の埼玉県秩父郡東秩父村立《さいたまけんちちぶぐんひがしちちぶ》東秩父《ひがしちちぶ》中学校というところです。全校生徒二百名あまりの小さな中学校です。そこで一年B組の学級担任《たんにん》となり、教師《きょうし》生活がスタートしました。

学生気分が抜《ぬ》けないわたしは、生徒たちと友だち同士のように騒《さわ》いだり遊んだりしていました。そんなわたしを地域《ちいき》の人たちは、「先生、先生」と温かく受け入れてくれました。「この中学校で十年はがんばろう！」と思った矢先、校長先生から、「配置上の都合で、転勤《てんきん》してください」といわれました。

次に転勤《てんきん》した中学校は、秩父《ちちぶ》市内でいちばん大きな学校でした。全校生徒千二百名、一学年十クラス全校三十クラスという埼玉県秩父《さいたまけんちちぶ》市立秩父第一《ちちぶだいいち》中学校です。

ここでわたしは大きな出会いが二つありました。一つは、現在《げんざい》の妻《つま》・真弓《まゆみ》との出会いです。音楽大学を卒業したばかりの新任《しんにん》の音楽の教師《きょうし》でした。マンモス校でしたから若《わか》い教《きょう》師《し》も多く、仕事が終わったあと、グループで食事会や遊びに行っていました。そんな中で、お互《たが》いを意識《いしき》するようになっていったのです。

もう一つの出会いはサッカーです。この中学校でサッカー部の顧問《こもん》になりました。もちろん、サッカーという球技《きゅうぎ》は知っていましたが、部活動として本格的《ほんかくてき》にやったことはありませんでした。そんなわたしが部員七十名のサッカー部の顧問《こもん》になったわけです。最初はとまどいましたが、生徒になめられてはいけないと、必死でサッカーのことを勉強しました。気づくとサッカーのおもしろさにのめり込《こ》んでいました。

出会いから二年たち、わたしと真弓《まゆみ》は結婚《けっこん》することになりました。しかし、夫婦《ふうふ》が同じ中学校で教師《きょうし》をすることはできない規則《きそく》になっていましたので、結婚《けっこん》にあたって、わたしが別の中学校に転勤《てんきん》することにしました。

一九八八年（昭和六十三年）、教師《きょうし》となって四年目、早くも三校目です。転勤先《てんきんさき》は、やはり秩父《ちちぶ》の埼玉県秩父郡横瀬町《さいたまけんちちぶぐんよこぜ》立横瀬《よこぜ》中学校で、全校生徒四百五十名、一学年四クラス全

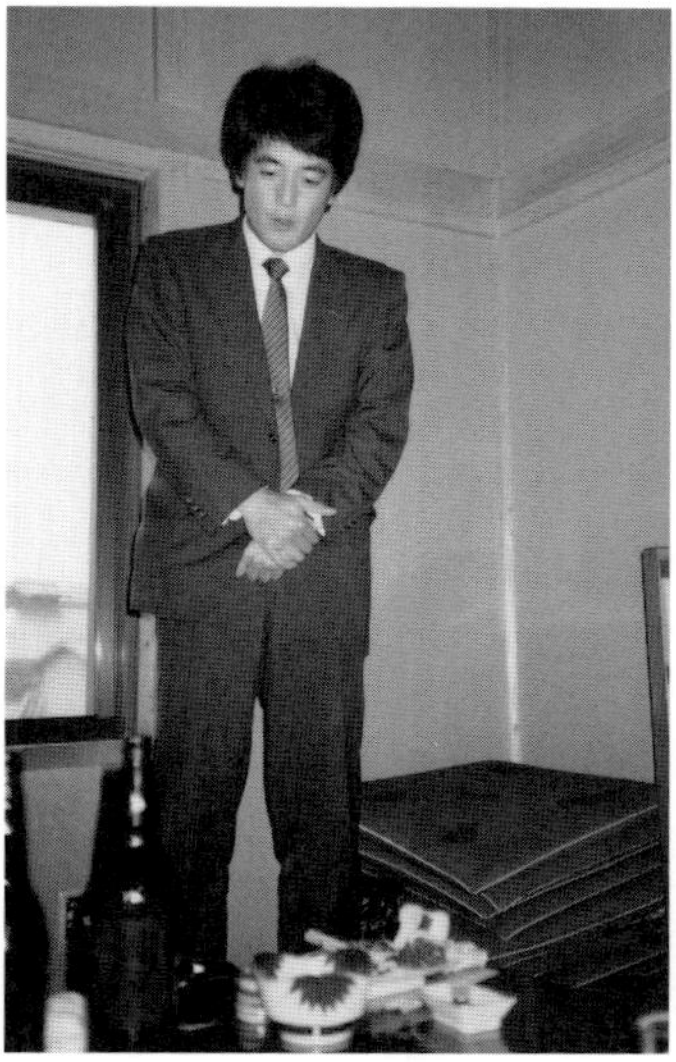

秩父《ちちぶ》第一《だいいち》中学校時代の先生たちとスキーを楽しむ著者《ちょしゃ》（中央）。

念願《ねんがん》の中学校の国語教師《きょうし》になり、新任歓迎会《しんにんかんげいかい》であいさつをする著者《ちょしゃ》。

学年十二クラスの学校です。

新たな中学校の教師《きょうし》生活のスタートと同時に、わたしたちの新婚《しんこん》生活もスタートしました。

この中学校でも、自ら進んでサッカー部の顧問《こもん》を希望しました。ところが、この中学校のサッカー部は、とても弱いチームで、まともに練習すらしていませんでした。わたしは、できるだけ部活動に出るようにし、わたし自身もスパイクをはいて、いっしょに練習をしました。わたしは中学時代と高校時代、陸上部だったので走ることには自信はありましたが、ボールコントロールやリフティングなどはうまくできません。それでも生徒たちといっしょに汗《あせ》を流そうと決めました。そして、少しでも暇《ひま》があると練習メニューやフォーメーションを考えていて、放課後《ほうかご》になると生徒たちより先にグラウンドに出ていました。

休日には他校との練習試合を行いました。練習試合をやれば、恥《は》ずかしいほどの大敗でしたが、二年目ごろから、「負けてばかりではいやだ。もっと強くなりたい」「もっと練習しなくては」と部員たちの意識《いしき》にも変化が見られるようになってきました。

しのび寄《よ》る影《かげ》

結婚《けっこん》して二年目に長女・美希《みき》が生まれました。（生まれたばかりなのに、こんなに髪《かみ》の毛があるんだ）と思ったのを記憶《きおく》しています。

横瀬中学校も二年目となりました。教師《きょうし》となって五年目にして、初めての三年生の学級担任《たんにん》になりました。

サッカー部も変わり始め、教師《きょうし》生活も家庭生活も充実《じゅうじつ》していた二十八歳《さい》のときのことです。

十一月のある日。数日後には秩父郡市《ちちぶぐんし》の研修会《けんしゅうかい》で、わたしは道徳《どうとく》の授業《じゅぎょう》をすることになっていました。でも、やはりスパイクをはいて、いつものように生徒たちとグラウンドを走り回っていました。すると、目の前を小さな黒い虫がたくさん飛びかっています。無《む》意識《いしき》に手のひらで払《はら》いながら、「今日は小さい虫がたくさんいるな。虫が異常《いじょう》発生しているのかな」と近くにいた部員の一人に聞いたところ、「先生、そんな虫いませんよ」との返事。

「そうか……」とそのときはそのままやり過《す》ごしました。

翌朝《よくあさ》、ベッドで目を覚ますと、右目のまぶたが開きません。いや、手で触《ふ》れてみるとまぶたは開いているのに物が見えません。明かりをつけてみると、右目が上から暗幕《あんまく》が降《お》りたような状態《じょうたい》で視野《しや》の三分の二ほどをふさいでいるのです。（疲《つか》れているのかなあ）と思い、顔を洗《あら》い、目薬をさしてみましたが治りません。

午後、妻《つま》にせき立てられるように市内の眼科《がんか》に行き、診察《しんさつ》を受けると、眼科医《がんかい》はいいました。

「これは網膜剥離《もうまくはくり》といって、物を写す網膜《もうまく》がはがれています。『上から暗幕《あんまく》が降《お》りてきたように』といわれましたが、見るほうと逆《ぎゃく》で下のほうから剥離《はくり》が起こっています。このまま放っておくと失明してしまいます。大学病院を紹介《しょうかい》しますから、一刻《いっこく》も早く手術《しゅじゅつ》を受けてください」

まさに青天のへきれきです。わたしの頭の中に、「失明」「手術《しゅじゅつ》」という言葉が飛び込《こ》んできましたが、事態《じたい》がよくのみ込《こ》めません。「網膜剥離《もうまくはくり》」という病名も初めて聞く言葉でした。

翌日《よくじつ》、不安な気持ちをかかえたまま、紹介状《しょうかいじょう》を手に大学病院に行くと、そのまま入院することになり、次の日には緊急手術《きんきゅうしゅじゅつ》となりました。

手術《しゅじゅつ》はおおよそ二時間半かかりました。もちろん麻酔《ますい》を使いましたが、局所麻酔《ますい》だったので、手術《しゅじゅつ》する医師《いし》たちの話し声も聞こえてきます。手術《しゅじゅつ》の怖《こわ》さから目を閉じようとしても、いやおうなしに強烈《きょうれつ》な光が頭の中をおおいます。さらに麻酔《ますい》が本当に効《き》いているのかと思うほどの激《はげ》しい痛《いた》みの連続で、しばしばうなり声が出てしまいます。

みなさんは、フィルムを入れるカメラを知っていますか？　人の目をカメラにたとえると、水晶体《すいしょうたい》がレンズです。カメラはレンズを交換《こうかん》すれば、遠くのものを写せたり、広い範《はん》囲《い》を写したりすることができます。人間も眼鏡《めがね》をかけたり、コンタクトレンズをつけたりして見え方を調整しますね。

人の網膜《もうまく》は、カメラのフィルムにあたります。フィルムがなければ、その映像《えいぞう》を残すことができません。そのフィルムが破《やぶ》れてしまったのが網膜剥離《もうまくはくり》です。ですから、はがれてしまった部分は見えないのです。網膜《もうまく》は神経細胞《しんけいさいぼう》ですから再生《さいせい》できません。とりあえずできることは、もうこれ以上はがれないように治療《ちりょう》し、残っている視力《しりょく》を維持《いじ》する手術《しゅじゅつ》しかないのです。

現在《げんざい》、iPS細胞《さいぼう》による網膜移植《もうまくいしょく》の臨床《りんしょう》が始まっています。この臨床《りんしょう》は、視覚障《しかくしょう》がい者《しゃ》だけではなく多くの障《しょう》がい者《しゃ》にとって、希望の光です。わたしも一日も早く実用化することを心から望んでいます。

手術後《しゅじゅつご》も安静状態《じょうたい》が続きました。病院のベッドの上で、わたしがやるはずだった道徳《どうとく》の研究授業《じゅぎょう》は同僚《どうりょう》の先生が代わりにやってくれたことを知り、胸《むね》をなでおろしました。また、三年生の学級担任《たんにん》は副担任《ふくたんにん》の先生にやってもらうことになったことも知りました。

サッカー部は……三年生の進路相談は……。安静にして寝《ね》ていることしかできないわたしは、仕事のことばかり心配していました。

三週間の入院生活を終え、仕事に復帰《ふっき》することができました。手術後《しゅじゅつご》の視力《しりょく》はかなり落ちていました。それどころか、物がゆがんで見えます。建物の柱を見れば、柱の中央部がへこんで見えるという具合です。医師《いし》の話では、視力《しりょく》はもう少し回復《かいふく》してくるし、物のゆがみも元に戻《もど》るでしょうということでした。

左目を手のひらで隠《かく》し、右目だけで見ると、世界がゆがんで気分が悪くなるような状態《じょうたい》でしたが、初めての三年生の担任《たんにん》です。彼らの進路を決め、無事に卒業式を迎《むか》えたいという思いでいっぱいでした。

十二月に入り、希望高校の最終的な決定、受験勉強、内申書《ないしんしょ》に関わる最後の定期テストと、忙《いそが》しい日々を夢中《むちゅう》で過《す》ごしていきました。

三月、卒業生も全員の進路が決定し、無事に感動的な卒業式を迎《むか》えることができました。横瀬中学校での教師《きょうし》生活も三年目を迎《むか》えました。右目の視力《しりょく》も少しずつ回復《かいふく》してきました。何よりも、ゆがんで見えていた物がふつうに見えるようになり、気持ちが軽くなりました。

長女も順調に育ち、次女・里菜《りな》が誕生《たんじょう》しました。長女のときに、出産に立ち会うことができなかったので、今度こそはと思っていたのですが、部活動が終わって病院にかけつけると、すでに生まれていました。妻《つま》には、「お父さんは、長女のときも次女のときも部活でいなかった」といわれてしまいました。それほど、サッカー部の指導《しどう》に熱中していました。

そんな矢先の一九九二年（平成四年）二月のことです。右目の上にわずかですが黒い影《かげ》が見えました。白い壁《かべ》に向かい、手のひらで左目をおおい、右目を動かして確認《かくにん》する。白い紙に向かって同じようにやってみる。気のせいであってくれと念《ねん》じながら、何度も何度も繰《く》り返《かえ》しました。

急いで病院に行くと、間違《まちが》いであってほしいという心の叫《さけ》びもむなしく、右目の網膜剥《もうまくはく》離《り》の再発ということでした。手術《しゅじゅつ》は前回と同様に行われましたが、手術《しゅじゅつ》の痛《いた》みは前回とは比《くら》べものになりません。あとで眼科医《がんかい》にたずねると、同じ場所にメスを入れるし、前の手《しゅ》術《じゅつ》により本来分離《ぶんり》しているはずの組織《そしき》と組織《そしき》が結びついてしまう癒着《ゆちゃく》が起こっているためだということでした。

退院《たいいん》して自宅療養《じたくりょうよう》しているときに、大会でサッカー部が準優勝《じゅんゆうしょう》したという知らせを受けました。あの弱かったサッカー部がここまできたんだという喜びと、その場にいられなかった悔《くや》しい思いで、涙《なみだ》が止まりませんでした。

学校に戻《もど》ると、学級担任《たんにん》とサッカー部の顧問《こもん》をはずされていました。校長先生から、「担任《たんにん》やサッカー部の顧問《こもん》は、あなたのためにはずした。病気を繰《く》り返《かえ》し、片目が不自由で仕事の効率《こうりつ》の悪い者は必要とされない」といわれました。校長室でその話を聞いたとき、わたしは怒《いか》りでこぶしを震《ふる》わせていました。それを見ていた教頭先生に校長室から連れ出され、落ち着くようにさとされました。

もしもあのとき、教頭先生に校長室から連れ出されていなかったら、わたしは校長先生にその怒《いか》りをぶつけていたと思います。

学級担任《たんにん》やサッカー部の顧問《こもん》をはずされ、国語の授業《じゅぎょう》をやるだけの日々を過《す》ごしていたわたしは、一九九三年（平成五年）三月、養護《ようご》学校への転勤《てんきん》が決まりました。その間に視《し》力《りょく》の回復《かいふく》をはかり、いつか必ず中学校へ戻《もど》ろうと心に強く誓《ちか》いました。

秩父養護学校《ちちぶようごがっこう》への転勤《てんきん》

一九九三年（平成五年）、埼玉《さいたま》県立秩父養護《ちちぶようご》学校（現《げん》・埼玉《さいたま》県立秩父特別支援《ちちぶとくべつしえん》学校）に転勤《てんきん》しました。その年は、サッカーJリーグがスタートし、街は「オーレ！　オーレ！」の曲でわき立っていました。その音楽に励《はげ》まされるように、わたしは秩父養護《ちちぶようご》学校小学部の教師《きょうし》としてのスタートをきったのです。

小学四年の担任《たんにん》として五人の子どもを受け持ちました。わたしを含《ふく》めて三名の先生が担《たん》任《にん》です。五人の児童に三人もの担任《たんにん》と驚《おどろ》くかもしれませんが、その五人の子どもたちは、重度の知的障《しょう》がい、ダウン症《しょう》、自閉症《じへいしょう》と障《しょう》がいはさまざまです。五人の中で、しゃべれる子は一人だけです。トイレや給食をはじめ、生活や学習の場面で担任《たんにん》の手助けが必要となります。初めはその子たちを見てショックを受けました。

（自分の子と同じ年齢《ねんれい》なのに、こんなに重い障《しょう》がいがあるなんて知らなかった）と。

男の子でよくオシッコやウンチをもらしてしまう子がいました。オシッコやウンチが出ることを教えてくれません。もらしてしまったら、担任《たんにん》がシャワーを浴《あ》びさせ、着替《きが》えをさせなければなりません。その男の子の担当《たんとう》になると、神経《しんけい》を使いヘトヘトになってしまいました。

重い自閉症《じへいしょう》の男の子は、よくパニックを起こします。パニックを起こすと、激《はげ》しく泣《な》き叫《さけ》んだり、自分の頭を壁《かべ》に打ちつけたり、担任《たんにん》をつめでひっかいたり、かみつくなどします。腕《うで》や手の甲《こう》が傷《きず》だらけになるため、夏でも手袋《てぶくろ》や長そでを着て指導《しどう》したこともありました。

次の行動がわからないとパニックを起こしやすいことに気づき、彼《かれ》の時間割《じかんわり》は学習する場所や使うものの写真カードにしました。いちばん喜んだのは、給食の献立別《こんだてべつ》の写真カードです。これを繰《く》り返《かえ》していくうちに、少しずつながら、パニックを起こすことが減《へ》ってきました。

秩父《ちちぶ》養護《ようご》学校の教師《きょうし》生活が三年目を迎《むか》えたころのことです。片目がほぼ見えづらい状態《じょうたい》ではありましたが、わたしなりに全力で、子どもたちと向き合っていました。

最後の手術《しゅじゅつ》

一九九四年（平成六年）五月三十日、三人目の子、長男・啓介《けいすけ》が生まれました。健康な男児です。わたしの両親、わたしたち夫婦《ふうふ》、そして三人の子と七人家族となりました。妻《つま》の両親も協力してくれ、子育てをしてくれました。たいへんながらも、子どもたちの成長に笑顔《えがお》の絶《た》えない生活でした。

その年の十二月末のことです。今まで見えていた左目に異変《いへん》が現《あらわ》れました。黒い影《かげ》が見えるようになったのです。その影《かげ》が何を意味するのか十分わかっていたわたしは、全身の震《ふる》えが止まりませんでした。急いで妻《つま》の運転する車で大学病院に向かいましたが、その間もずっと震《ふる》えていました。

病院に着くと、そのまま入院することになりました。年末であったため、六人部屋にたった一人です。さらにわたしをあせらせたのは、正月休みで手術《しゅじゅつ》ができないことでした。手術《しゅじゅつ》のためのスタッフがそろうのは二週間後ということでした。点滴《てんてき》につながれたままお正月を迎《むか》えました。

（早く手術《しゅじゅつ》をしなくていいのか。左目も見えなくなるのだろうか。手術《しゅじゅつ》はうまくいくだろうか。だれか話をしてくれ）

孤独《こどく》と恐怖《きょうふ》、そして焦燥感《しょうそうかん》が入りまじり、眠《ねむ》れぬ日々が続き、まるで一か月にも一年にも感じられる、長い長い二週間を過《す》ごしました。

一月に入って、ようやく手術《しゅじゅつ》が行われました。やはり、手術中《しゅじゅつちゅう》は激《はげ》しい痛《いた》みがともないました。（どんなに痛《いた》くとも、見えるようになるためには耐《た》えなければ）という思いだけで耐《た》えました。

そんなわたしの心の叫《さけ》びと裏腹《うらはら》に、入院したまま手術《しゅじゅつ》を繰《く》り返《かえ》しました。入院生活が三か月目になったときに、三度目の手術《しゅじゅつ》が決まりました。前回の手術《しゅじゅつ》の痛《いた》みに耐《た》えかねていたわたしは、今回の手術《しゅじゅつ》は全身麻酔《ますい》でやってほしいとお願いしました。わたし自身もこれが最後の手術《しゅじゅつ》になるだろうと思っていました。

大学病院では、週二回、教授《きょうじゅ》の回診《かいしん》があります。そのときばかりは、眼科医《がんかい》だけではなく眼科病棟《がんかびょうとう》にも緊張《きんちょう》した雰囲気《ふんいき》が伝わってきます。

(網膜剥離《もうまくはくり》はどうなっているのか)

(見えるようになるのか。あるいは、このまま見えなくなるのか)

教授《きょうじゅ》に聞きたいことが次から次へとわいてきます。わたしの矢つぎ早の質問《しつもん》をさえぎるように、教授《きょうじゅ》は「先生、そんなふうにいわれてもね……」というばかりです。

わたしは心の中で叫《さけ》びます。

(ここでは先生なんかじゃない。一人の患者《かんじゃ》だ。弱虫で泣《な》き虫の情《なさ》けない患者《かんじゃ》だ)と。

眼科病棟《がんかびょうとう》は七階にあります。長い入院中、(ベランダに出て、柵《さく》を乗り越《こ》えたら、楽になれる)と思ったことは何度となくありました。それは、死んでしまいたいと思ったのではなくて、この苦しみから楽になりたいと思ったからです。そのたびに、お見舞《みま》いに来てくれた三人の子、そして妻《つま》の声がよみがえりました。

霧《きり》の中の日々

一九九五年（平成七年）、病院から退院《たいいん》してくると、自宅《じたく》で過《す》ごすようになりました。文字通り「引きこもり」状態《じょうたい》でした。視界《しかい》ゼロの深い深い霧《きり》の中にいました。家の中を歩いていても、まるで雲の上を歩いているような感じです。体がふわふわ漂《ただよ》っているようで、一歩踏《ふ》み出したそこは雲の切れ目で、その切れ目から地上に真《ま》っ逆《さか》さまに落ちてしまうような感じです。そんな状態《じょうたい》でしたから、家の中を少し歩いただけでも、すぐに気分が悪くなってしまいました。

横になっては涙《なみだ》を流し、うとうとまどろんで目を開けて、また涙《なみだ》を流すというありさまでした。そんな日々が半年近く続きました。

ある日の早朝のことです。家の門を出て一人で歩いてみようと思いました。そのころはまだ、左目に視力《しりょく》が残っていました。視力《しりょく》といっても、五十円玉の穴《あな》からのぞくようなわずかな視野《しや》です。ピンポイントの視野《しや》が、ちょうど道路の端《はし》の白線をとらえることができました。恐《おそ》る恐《おそ》る歩いてみました。次の瞬間《しゅんかん》、白線を見失いました。いくら目を動かしてみても、再び白線をとらえることができません。あせって家に戻《もど》ろうとしましたが、方向さえつかめません。車が来て、はねられてはいけないと思い、必死で戻《もど》ろうとしましたが、家の門に手が触《ふ》れません。もがくこと数分、やっとの思いで家の門に手が触《ふ》れ、家に帰ることができました。わずか十メートルあるいは数メートルの間のことだったと思いますが、（たった一人では、門から出ることさえできないのか）とがく然としました。

子どもが三人になり、にぎやかで明るかった家族もわたしの存在《そんざい》で一変しました。わたしの両親は、わたしの将来《しょうらい》を案じてふさぎ込《こ》むようになりました。

両親とわたしだけで、昼食をとっていたときのことです。食卓《しょくたく》の上の料理を説明していた母親が急に席を立っていなくなってしまいました。わたしが恐《おそ》る恐《おそ》る食卓《しょくたく》に手をはわせる姿《すがた》を見て胸《むね》がつまり、外に出て泣《な》いていたのだとあとでわかりました。

妻《つま》の両親も、わたしのことを自分のことのように心配してくれました。義父《ぎふ》は会社を退《たい》職後《しょくご》は孫《まご》の世話を生きがいにしていました。わたしが全盲《ぜんもう》となり、家に引きこもっていたときに、妻《つま》にいったそうです。「淑則《よしのり》が働けないのなら、おれが淑則の面倒《めんどう》を見る」。これを聞いたとき、わたしは涙《なみだ》が止まりませんでした。そこまでわたしのことを心配してくれているという驚《おどろ》きと、自分はまだ立ち上がることができないという悔《くや》しさ、情《なさ》けなさの入りまじった涙《なみだ》です。

三人の子どもたちも、まわりの大人たちの変化を敏感《びんかん》に感じていたようです。長女は幼《よう》稚園《ちえん》に行くのを嫌《いや》がるようになり、パニックを起こすようになりました。次女もよく怒《おこ》ったり泣《な》いたりするようになりました。幼《おさな》い長男までも、夜泣《よな》きがひどくなったように感じます。

落ち込《こ》む両親、手がかかるようになった子どもたちの中で、一人奮闘《ふんとう》していたのは妻《つま》だったと思います。絶望《ぜつぼう》にくれるわたしを見守りつつ、落胆《らくたん》する両親を励《はげ》まし、手がかかるようになった子どもたちを育てていたのが妻《つま》でした。そのうえ、育児休暇《きゅうか》もそこそこに、中学校の音楽教師《きょうし》として働き始めました。おそらく妻《つま》、嫁《よめ》、親そして先生と一人何役をもがむしゃらにこなしていたことと思います。

失明した直後、家族の中でもわたし一人が孤独《こどく》でした。「こんな不幸な人間はこの世で自分だけだ」「このまま目が見えないならば、死んでしまいたい」と思うようなことさえありました。

妻《つま》や子どもたち三人も、わたしの両親もわたしのことを思い、つらく悲しい思いをしていたと思います。けれども、そのときのわたしは「家族でも目が見えないのは、わたしだけだ。だれも、見えない自分の苦しみはわからない」という気持ちで、まわりの人を思いやるゆとりがありませんでした。

妻《つま》の決断《けつだん》

そんな日々が半年近く続いたころ、妻《つま》は強引《ごういん》にわたしの手を引いて、家から連れ出しました。行き先はご夫婦《ふうふ》ともに視覚障《しかくしょう》がいをもつ家庭でした。マッサージ師《し》であるご主人は、わたしをマッサージしながら話しかけてきます。

「夫婦《ふうふ》で目が見えないんだ。でも、マッサージをしながら夫婦《ふうふ》でよく働いたなあ。親も看《み》取《と》ったし、二人の子どもも大学まで出したんだよ。新井《あらい》さんもまだ若《わか》いんだから、がんばんなさいよ」

話を聞いて感心はするものの、「がんばりなさいよ」といわれてもどこかひとごとです。実際《じっさい》には、何をどうがんばればよいのかまるでわかっていなかったと思います。

約半年間、家に引きこもっていたわたしは、妻《つま》のすすめもあり訓練《くんれん》を受けることにしました。訓練《くんれん》は、「眼科的《がんかてき》リハビリテーション」といって、白杖《はくじょう》（白い杖《つえ》）での歩行訓練《くんれん》や点字の習得《しゅうとく》のことです。

訓練《くんれん》を受けようと思ったのは、教師《きょうし》に戻《もど》ろうと思ったからではなくて、せめて家の中での生活がうまくできるようになればと思ったからです。

初めは埼玉県所沢市《さいたまけんところざわし》にある国立身体障害者《しんたいしょうがいしゃ》リハビリテーションセンター（現《げん》・国立障害《しょうがい》者《しゃ》リハビリテーションセンター。略《りゃく》して国リハ）というところに入りました。そこで、室内の移動《いどう》の仕方や白杖《はくじょう》を左右に振《ふ》って歩く訓練《くんれん》が始まりました。

そこで初めて点字にも触《ふ》れることになります。もちろん、目が見えていたときにも駅の券売機《けんばいき》などには点字がはられていたのは知っていましたが、気にもとめていませんでした。

点字は左手の人差し指の指先の腹《はら》で凸面《とつめん》を触《さわ》って読むのですが、どうしたらこんな凹凸《おうとつ》が文字になるのだろうかと不思議でたまりませんでした。訓練《くんれん》の先生からは、「点字を読めるようになるには、近道はありません。とにかく、一日十分でもいいですから、毎日触《ふ》れることです」といわれました。

もとより、そのために泊《と》まり込《こ》んで訓練《くんれん》を受けているわけです。いわれたように毎日毎日点字に触《ふ》れていました。

歩行訓練《くんれん》は、白杖《はくじょう》を肩幅《かたはば》に左右に振《ふ》って歩きます。肩幅《かたはば》に振《ふ》るのは、自分が進む方向に障《しょう》がい物《ぶつ》がないかを常《つね》に確認《かくにん》するためです。また、杖先《つえさき》で常《つね》に二歩半前の足元を確認《かくにん》するためです。点字誘導《ゆうどう》ブロック（駅のホームなどにある黄色の凸面《とつめん》のブロック）があるときは、それに沿《そ》って歩きます。目が見えていたときには、点字誘導《ゆうどう》ブロックを意識《いしき》したりしませんでしたが、白杖《はくじょう》歩行では唯一《ゆいいつ》安心できるものです。そして、常《つね》に頭の中に地図を描《えが》いて歩きます。これをメンタルマップといいます。視覚障《しかくしょう》がい者《しゃ》にとって、いちばんの課《か》題《だい》はこの歩行だと思います。

そんなとき、訓練《くんれん》の先生から、

「新井さんの場合は、歩行訓練《くんれん》をしっかりと受けたほうがよいと思いますので、県立のリハビリテーションセンターへの入所をすすめます。もし犬が好きならば、盲導犬《もうどうけん》の使用を考えてみてはどうですか。けれど、盲導犬《もうどうけん》がどこへでも連れていってくれるわけではありません。頭の中にメンタルマップができていなければだめです」

小さいときから、犬は好きで家でも飼《か》っていました。わたしは盲導犬《もうどうけん》という言葉に飛びつきました。訓練《くんれん》の先生にすすめられるまま、アイメイト協会に盲導犬《もうどうけん》の申《もう》し込《こ》みをし、埼玉《さいたま》県立総合《そうごう》リハビリテーションセンターへの入所の手続きをしました。

県リハでの訓練《くんれん》

一九九七年（平成九年）、埼玉県上尾市《さいたまけんあげおし》にある県立総合《そうごう》リハビリテーションセンター（略《りゃく》して県リハ）で、泊《とま》り込《こ》みで約十か月間訓練《くんれん》を受けました。

ここでの訓練《くんれん》は、白杖《はくじょう》での歩行訓練《くんれん》、点字、音声パソコンに加えて、体育やＴＤＬ（テクニックス　オブ　デイリー　リビングの略《りゃく》で、料理などの日常生活訓練《にちじょうせいかつくんれん》）があります。学校のように一時間目「点字」、二時間目「歩行」など、時間割《じかんわり》に沿《そ》ってそれぞれ先生も代わります。

県リハの訓練《くんれん》が五か月を過《す》ぎたころから、わたし自身の気持ちが少しずつ変わってきました。家に引きこもっていたときは、（テレビや映画《えいが》も見えない）（車やバイクも運転できない）（本や新聞も読めない）……と、できないことばかり数えて泣《な》いていましたが、数か月たったころには、（今度は点字でこの本を読んでみよう）（もっと早くメールが打てるようになりたい）（早く一人でコンビニに買い物に行きたい）と、できないことを嘆《なげ》き悲しんでいる自分から、できることを数えて喜んでいる自分がいました。見えないということは変わらないけれども、マイナス思考からプラス思考へと百八十度近い心の変化がありました。

さらにわたしを変えたのは、人との出会いです。県リハで多くの中途視覚障《ちゅうとしかくしょう》がいの人に出会いました。その人たちと、悩《なや》みや苦しみを話せたことが、「わたしだけではないのだ」という思いになり、わたしを孤独《こどく》から救ってくれたのです。

心強いパートナーたち

ここで、パートナーの盲導犬《もうどうけん》について紹介《しょうかい》しましょう。

初代クロード、二代目マーリン、そして現在《げんざい》のリルは、ともに東京都練馬区《とうきょうとねりまく》にあるアイメイト協会で四週間の合宿訓練《くんれん》を受けてわたしのパートナーになったのです。

アイメイト協会は、日本でいちばん歴史があり、現在《げんざい》、社会に最も多く盲導犬《もうどうけん》を送り出しています。「アイメイト」とは、わたし（I）の愛する目（Eyes）の仲間《なかま》（Mat e）という意味があります。

アイメイト協会での合宿訓練《くんれん》は次のように行われます。

合宿訓練《くんれん》は、まず入校式から始まります。一クラス四人の訓練生《くんれんせい》と一人の指導員《しどういん》がともに訓練《くんれん》を受けます。

午後には、結婚式《けっこんしき》といって初めて新しいパートナーと対面します。指導員《しどういん》から「新井さんのパートナーはクロードといいます。名前を呼《よ》んでください」といわれます。

わたしがぎこちなく「クロード、カム（来い）」というと、すぐに寄《よ》ってきて、わたしの手をなめています。わたしは頭をなでて「クロード、これからよろしくな」と語りかけます。

次の日から訓練《くんれん》開始です。

訓練生《くんれんせい》は、アイメイトの世話から始めます。朝、六時半に排泄《はいせつ》。食事と歯みがきをします。その後、食堂に行き、自分たちの朝食をとります。休む間もなく犬舎《けんしゃ》に行き、ブラッシングです。

四組が順番に外での歩行訓練《くんれん》を行い、昼食後も同様に歩行訓練《くんれん》です。夕食は六時。七時から九時までミーティング。アイメイトを排泄《はいせつ》に出して、十時に就寝《しゅうしん》です。夕方入浴《にゅうよく》して、部屋は、机《つくえ》、ベッド、トイレ、洗面台《せんめんだい》とロッカーの付いた六畳《ろくじょう》の個室《こしつ》で、ここでアイメイトとともに四週間を過《す》ごします。

朝起きると、「おはよう」と声をかけ、アイメイトのたれた耳を手で握《にぎ》ります。これで、熱がないかチェックするのです。犬の平熱は三十八度ぐらいで、人間より一、二度平熱が高いのです。そうして、アイメイトの平熱を体で覚え、健康管理もしなければなりません。体もあちこち触《さわ》って、異常《いじょう》がないか確《たし》かめます。そうするとアイメイトは、遊んでほしいとばかり、甘《あま》がみ（弱くかむこと）をしたり飛びついてきたりします。この遊びもコミュニケーションをとるために大切なことなのです。

自分の部屋から出るときは、ハーネスをつけて訓練《くんれん》です。そして、ここでも指導員《しどういん》の目が光っています。

「新井さん、そこでしかって」

「ノー！（だめ）」

「今何でしかってといったかわかった？」

「えーと」

「テーブルの食べ物のにおいをかごうとしていたのですよ。気をつけて」

「はい」

すべてこういう感じです。

メインは郊外《こうがい》での歩行訓練《くんれん》です。アイメイトとともにコースを歩きます。そのあとを歩行員がついて指導《しどう》を受けます。コースはA～Dコースとあり、歩道のあるところから歩道のないところへ、音響《おんきょう》信号のある横断《おうだん》歩道から音響《おんきょう》信号のない横断《おうだん》歩道の横断《おうだん》へと、段階《だんかい》を追って難《むずか》しくなっていきます。段階《だんかい》が進むと、電車やバスの乗り降《お》りや、人ごみの多いアーケード、デパートの中でも訓練《くんれん》します。

あるとき、歩道を歩いていると、駐車場《ちゅうしゃじょう》から急に車が出てきて、あやうく車にぶつかりそうになったことがありました。直前でクロードがガッと止まるのに、こちらも対応《たいおう》しなければなりません。「なんて危《あぶ》ない運転をするんだ」とむっとしていると、協会の職員《しょくいん》が車を運転していたのでした。

夜七時から九時までは、ミーティングです。その日の歩行訓練《くんれん》の反省、明日のコースの説明、盲導犬《もうどうけん》の歴史、犬の病気のこと、トラブルの対処法《たいしょほう》、犬の特性《とくせい》、盲導犬《もうどうけん》の使用者の事例《じれい》、法律《ほうりつ》など、二時間みっちりと学習します。

アイメイト協会の卒業の見込《みこ》みがもらえると、獣医《じゅうい》さんのところに行き、アイメイトの健康診断《しんだん》とさまざまな注意を受けます。

最後は、恒例《こうれい》になった東京《とうきょう》の銀座《ぎんざ》での歩行試験です。銀座《ぎんざ》一丁目から四丁目をぐるりと回ってくる最終試験です。多くの人が行きかう中を、アイメイトとともに胸《むね》をはって堂々と歩くのです。ゴール地点では、四週間お世話になった指導員《しどういん》が待っていて、「新井さん、合格《ごうかく》です。おめでとう!」と、固《かた》く握手《あくしゅ》をしてくれます。

アイメイト協会での卒業式がすむと、それぞれ地元に帰って行きます。家族の迎《むか》えはありません。卒業したあとは、もう本番であり、初めてのアイメイトとの共同作業で家へと帰るのです。

「さあうちに帰るぞ、クロード！」

二代目マーリンも、三代目リルも同じように訓練《くんれん》を受けて、わたしのパートナーになったのです。

復職訓練《ふくしょくくんれん》

入院期間が半年、自宅療養《じたくりょうよう》が半年、宿泊《しゅくはく》でのリハビリが十か月、盲導犬《もうどうけん》の合宿訓練《くんれん》が一か月。ここまでで約二年の月日がたちました。休職《きゅうしょく》期間は三年間です。残りあと一年で復《ふく》職《しょく》できなければ、失職《しっしょく》してしまいます。

わたしとしてはやるべきことはやったつもりです。復職《ふくしょく》の意思を強く伝えました。県教育委員会の回答は、復職《ふくしょく》は認《みと》められないが、復職訓練《ふくしょくくんれん》として学校でやってみることは認《みと》めるということでした。

一九九八年（平成十年）四月から、わたしの養護《ようご》学校での復職訓練《ふくしょくくんれん》が始まりました。それには細かな条件《じょうけん》が課《か》せられました。通勤時《つうきんじ》は家族の者が付き添《そ》うこと、授業《じゅぎょう》を行うときは常《つね》に教頭先生が見届《みとど》けること、盲導犬《もうどうけん》はつないでおき校舎内《こうしゃない》では使用しないこと、といったものです。

妻《つま》はすでに中学校の音楽教師《きょうし》として働いていましたので、わたしの通勤《つうきん》には、父親が付き添《そ》ってくれることになりました。

朝七時四十五分、秩父駅《ちちぶえき》に降《お》り立ちます。駅のロータリーを抜《ぬ》け、線路を越《こ》えて国道を横断《おうだん》し、住宅《じゅうたく》の中を歩いていくと、舗装《ほそう》はしてあるものの、急なのぼりの山道にさしかかります。盲導犬《もうどうけん》クロードは勢《いきお》いよくのぼっていきます。

「クロード、ストップ（止まれ）」

山道をのぼること五分、ここで小休止です。うしろからついて来てくれている父親の息もあがっています。老いた父親には、この坂道はつらいはずです。けれども、わたしは父親にねぎらいの言葉さえかけられません。声をかけたら、「こんなことやめて、家に帰ろうか」といってしまいそうです。

「いったい自分は何をしているんだ。盲導犬《もうどうけん》を連れて、老いた父親を従《したが》えて何を考えているのだ。自分が養護《ようご》学校に行くことは生徒や先生方から望まれているのか。復職《ふくしょく》したいというのは自分のエゴなのではないのか」

自分の中の弱い気持ちが頭の中をかけめぐり、胃がキューと痛《いた》みだします。今にも心がくじけそうです。弱い気持ちを振《ふ》りはらうように、クロードに話しかけます。

「クロード、ゴー（進め）」

思えば三年前、坂道を転がるように落ち、暗い暗い絶望《ぜつぼう》という底にいました。三年かかって、家族に助けられて盲導犬《もうどうけん》クロードとともに歩みだしたばかりです。

今苦しいのは、だれもやったことのない道を選んだからです。だれもやってこなかったことをやろうとするのだから、不安なのは当たり前だと自分にいい聞かせます。この坂をのぼらなければ、希望という道はないのだといい聞かせました。

「なんだ坂、こんな坂」と自分を励《はげ》ましながら、坂道をのぼります。

秩父養護《ちちぶようご》学校は秩父《ちちぶ》市内を見下ろせる丘《おか》の上にあります。わたしは、ひそかに「天国にいちばん近い養護《ようご》学校」と呼《よ》んでいました。とても環境《かんきょう》に恵《めぐ》まれていました。

ここでは、秩父郡市《ちちぶぐんし》内の児童・生徒約六十名が学んでいます。小学校にあたるのが小学部、中学校が中学部、高校が高等部で、十二年間ここで学びます。

現在《げんざい》は肢体《したい》不自由教育部門もありますが、当時は知的障《しょう》がい教育部門だけでした。知的障《しょう》がいといってもさまざまで、重度・中度・軽度の段階《だんかい》があり、染色体異常《せんしょくたいいじょう》・自閉症《じへいしょう》・ダウン症《しょう》など障《しょう》がいの種類も異《こと》なります。

復職訓練《ふくしょくくんれん》では、いろいろな場面を経験《けいけん》しました。自立活動という時間に、言語訓練《くんれん》や身体運動の回復訓練《かいふくくんれん》を中心にやろうということになりました。

具体的には、点字をつけた絵カードや絵本、紙芝居《かみしばい》を使って、言葉の習得《しゅうとく》や発音の言語訓練《くんれん》をするのです。パソコンを使える生徒には、わたしが使用している音声パソコンを使って、キーボードの入力訓練《くんれん》などをします。

また、手足にマヒのある児童・生徒には動作訓練《くんれん》といって、一対一でマヒのある部分を意識的《いしきてき》に動かす訓練《くんれん》などもやりました。しかし、ほかの先生とは同じようにできるはずがありません。自分にできることを考えながら精一杯《せいいっぱい》やろうという思いだけです。

ある日、わたしを支《ささ》えてくれている先生が、照れくさそうに「点字を打ってみたんだけれど、あっているか確認《かくにん》してくれる」と点字を打った用紙を差し出しました。誤字《ごじ》や脱字《だつじ》が多く、お世辞《せじ》にもよいとはいえませんでしたが、一生懸命《いっしょうけんめい》点字を打ったことがわかりました。理由をたずねると、「新井さんの手助けができるかと思って、地元の点訳《てんやく》ボランティアサークルに入ってみたんだ」といいました。

わたしは胸《むね》が熱くなり、泣《な》きそうになりました。その先生は、わたしのことをいつも心配してくれていて、さまざまなサポートをしてくれました。わたしが養護《ようご》学校に復職《ふくしょく》できるかどうか悩《なや》んでいたときも、「新井さん、おれといっしょにやっていこう」といってくれました。その言葉を聞いたとき、もしかしたら養護《ようご》学校でやっていけるかもしれないと思いました。

その後、わたしが盲《もう》学校に転勤《てんきん》したときに、この先生のことを生徒たちに伝えました。

「きみたちもやがて社会に出て働かなければならない。視覚障《しかくしょう》がいがあるとほかの人と同じようにはできない。けれども、与《あた》えられた仕事を一生懸命《いっしょうけんめい》やっていれば、必ず理解者《りかいしゃ》や協力者が現《あらわ》れる。でも、その人に頼《たよ》りすぎてしまうと、その人が退職《たいしょく》や転勤《てんきん》してしまうと孤立《こりつ》してしまう。その人がいる間に、精神的《せいしんてき》に自立しなければいけない」と。

埼玉《さいたま》県立盲《もう》学校への転勤《てんきん》

二〇〇四年（平成十六年）に、埼玉《さいたま》県立盲《もう》学校（現《げん》・埼玉《さいたま》県立特別支援《とくべつしえん》学校　塙保己一《はなわほきいち》学園）に転勤《てんきん》しました。盲《もう》学校には、幼稚部《ようちぶ》・小学部・中学部・高等部があり、通学が難《むずか》しい児童・生徒には寄宿舎《きしゅくしゃ》があります。高等部には、普通科《ふつうか》と専攻科《せんこうか》があります。高等部普通科《ふつうか》で学ぶことは、普通《ふつう》高校で学ぶことと変わりません。高等部専攻科《せんこうか》は職業課程《しょくぎょうかてい》であんま・鍼《はり》・灸《きゅう》を学び、国家試験の合格《ごうかく》を目指し、卒業後は、あんま・鍼《はり》・灸《きゅう》・マッサージ師《し》として働きます。ですから専攻科《せんこうか》にはわたしのように中途《ちゅうと》で失明したり、見えにくくなって仕事が続けられなくなったりした人も入学してきます。そのため、盲《もう》学校には三、四歳《さい》の幼稚部《ようちぶ》から六十歳《さい》近い専攻科《せんこうか》の生徒までいます。専攻科《せんこうか》では先生より生徒のほうが年上ということもよくあります。

わたしは高等部普通科《ふつうか》一年生七人の担任《たんにん》となりました。担任《たんにん》といっても複数《ふくすう》で担任《たんにん》します。七人の生徒も、全盲《ぜんもう》の生徒は一人だけで、ほかの生徒は弱視《じゃくし》です。弱視《じゃくし》といっても見え方がそれぞれ違《ちが》うので、十人十色ならぬ七人七色です。それは見え方だけではなく、目の病気も、出身地も異《こと》なりますが、共通しているのはみんな明るくて陽気だということです。

そこでわたしは、国語を教えたのですが、全盲《ぜんもう》の女子生徒は点字を読むのがわたしよりはるかに速くて正確《せいかく》でした。彼女を指名して音読してもらうと、わたしが点字を読む指が追いつかないほどでした。

新たな希望に向かって

復職訓練中《ふくしょくくんれんちゅう》も県教育委員会との話し合いを重ねました。話し合いのときには、宮城道雄《みやぎみちお》先生のノーマライゼーション・教育ネットワークの会の人たちとともに臨《のぞ》みました。

ほかにわたしの復職《ふくしょく》の後押《あとお》しをしてくれたのが、国立身体障害者《しんたいしょうがいしゃ》リハビリテーションセンターの眼科《がんか》の先生です。眼科《がんか》の先生は、「新井さんは必要とされる眼科的《がんかてき》リハビリテーションはすべて行ってきた。復職《ふくしょく》することが適切《てきせつ》だと思われる」という所見を出してくれました。もちろん、前に書いた同僚《どうりょう》の先生の「おれといっしょにやっていこう」のひとことがわたし自身の心の支《ささ》えとなりました。通勤《つうきん》のときにいつもついて来てくれた父親をはじめ、家族の支《ささ》えはいうまでもありません。

二〇一一年（平成二十三年）に、わたしの父親が重度の肺炎《はいえん》で亡《な》くなりました。八十二歳《さい》でした。点滴《てんてき》と呼吸器《こきゅうき》で苦しそうにしていた父親のかたわらにいてもどうすることもできず、わたしはむくんできた父親の足をひたすらマッサージしていました。わたしが網膜《もうまく》剥離《はくり》で入院していたときも、見舞《みま》いに来てくれた父親が「何もすることがないから」と、わたしの足をマッサージしてくれたことを思い出しました。こういう形でお返しができるとは思っていませんでした。

父は、育児と仕事に追われていた妻《つま》に代わり、あらゆる所へ足を運んでくれ、手助けをしてくれました。病院での診察《しんさつ》、リハビリ施設《しせつ》からの週末の帰宅《きたく》、復職訓練《ふくしょくくんれん》のための養護《ようご》学校への通勤《つうきん》と、ひたすら案内役をしてくれました。そんな父親にぐちや不満をぶつけたこともたびたびありました。

後年、長瀞《ながとろ》町立長瀞《ながとろ》中学校への転勤《てんきん》が決まったときは、自分のことのように喜んでくれました。そんな父にわずかながら、今まで苦労をかけた恩返《おんがえ》しができたように思いました。

秩父《ちちぶ》養護《ようご》学校に復職後《ふくしょくご》も、毎年、県教育委員会と話し合いをしてきました。目的は一つです。わたしが普通《ふつう》中学校で教えたい、どうか転勤《てんきん》させてほしいという訴《うった》えです。

県教育委員会との話し合いもむなしく終わった九年目の八月のことでした。ノーマライゼーション・教育ネットワークのいちばん年上の先生がいいました。「すぐ向かいが県会議員会館だよ。このままでは何も変わらない。だめでもともと、県会議員に聞いてもらおう」と半ば強引《ごういん》に会のメンバーを誘《さそ》いました。

わたし自身も何とかしたいという思いで向かいました。誠実《せいじつ》にわたしたちの訴《うった》えを聞いてくれた県会議員が、その年の県議会で県知事に「全盲《ぜんもう》の教師《きょうし》が、往復《おうふく》五時間かけて盲学《もう》校に通勤《つうきん》している。しかも長い間、普通《ふつう》中学校の教壇《きょうだん》に立つことを希望している。ぜひこの希望をかなえてほしい」と質問《しつもん》し、県知事が「何とかしよう」と答えたのでした。その県議会は、ノーマライゼーション・教育ネットワークのメンバーとともに傍聴《ぼうちょう》しました。県知事の言葉を聞いたとき、涙《なみだ》があふれてきました。

そして、復職《ふくしょく》してから十年目。二〇〇八年（平成二十年）、長瀞町立長瀞中学校への転《てん》勤《きん》が決まったのです。

家族との絆《きずな》の旅

一九九九年（平成十一年）八月、わたしたち家族は初めての海外旅行に出かけました。国内旅行だと言葉が通じる安心感から、家族が勝手に行動してしまいがちです。ここは思いきって言葉の通じない海外で、家族全員が常《つね》にまとまって行動しようという思いからです。がんばってきた自分自身へのごほうびと、何より妻《つま》への感謝《かんしゃ》の思いです。子どもたちとも今まで家族旅行らしいものはしたことがありませんでした。

行き先はイギリスのロンドンとフランスはパリに決めました。わたしたち夫婦《ふうふ》に子どもたち三人、妻《つま》の姉の六人です。長女が十歳《さい》、次女が七歳《さい》、そして長男が五歳《さい》でした。子どもたちが幼《おさな》かったので、妻《つま》の姉が海外旅行に同行してくれました。妻《つま》も相談相手がいて心強かったと思います。妻《つま》はヨーロッパのお城《しろ》や美術館《びじゅつかん》、教会に興味《きょうみ》をもっていました。もちろん、その国々の名物料理はかかせません。そして、何といっても買い物が大好きです。ブランド品を買うわけではなくて、おみやげとして小物を買いあさります。まとめ買いをして値引《ねび》きも忘《わす》れません。「プライスダウン！　プライスダウン！」相手に通じようが通じまいが、迫力《はくりょく》とジェスチャーで迫《せま》ります。

翌年《よくねん》にはコアラを抱《だ》きにオーストラリアに、次の年にはアンネの隠《かく》れ家《が》を訪《おとず》れるためにオランダにと、今までに訪《おとず》れた国は、二十数か国に及《およ》びます。

旅行中は子どもたちがわたしのガイドをしてくれます。最初の数年は長女とともに行動しました。単に道案内だけではなくて、風景や建物、あるいは絵画の説明までしなければなりません。

トイレに行くときは、長男の役目です。五歳《さい》の長男が一生懸命《いっしょうけんめい》わたしを案内します。国によっては便器に届《とど》かずに、わたしが長男を抱《だ》っこしてオシッコをさせたこともありました。

やがて子どもたちも次の旅行先の希望を出すようになり、海外に目を向けるようになりました。子どもたちの成長は、わたしに対してのガイドや説明の仕方などからもわかります。成長とともに各自スーツケースを持つようになり、自分の持ち物に責任《せきにん》をもつようになってきました。

白杖《はくじょう》とともに

旅行中は常《つね》に杖《つえ》を持っています。二十数か国、ともに旅をしてきた白杖《はくじょう》は、わたしの宝《たから》物《もの》です。左手に白杖《はくじょう》、右手は子どもの腕《うで》につかまります。白杖《はくじょう》はまさにユニバーサルデザイン、世界共通です。どこの国に行っても、言葉が通じなくても、白杖《はくじょう》でわたしが視覚障《しかくしょう》がい者《しゃ》であるということがわかります。すぐに手をさしのべてくれる人、あいさつのように「May I help you?（なにかお手伝いしましょうか？）」と声をかけてくれる人、さまざまです。

イタリアの街で、おしゃれをした女性が白杖《はくじょう》で楽しそうに歩いていたそうです。ヨーロッパの国では、車いすの人や白杖《はくじょう》を持った人を多く見かけます。共通しているのは、おしゃれをしていることと明るいことです。おしゃれなのは服装《ふくそう》だけではなくて、車いすまでカラフルだそうです。

ところが残念ながら、アジアでは障《しょう》がい者《しゃ》を街中で見かけることはあまりありません。日本の男性《だんせい》が車いすで韓国《かんこく》を一人旅していたそうです。韓国《かんこく》の人も段差《だんさ》があると手を貸《か》してくれます。ところがなぜか怒《おこ》りながら手を貸《か》してくれるそうです。その男性《だんせい》は韓国語《かんこくご》がわからないのでしばらくは怒《おこ》っている理由がわからなかったそうですが、あとでわかったことは、「障《しょう》がい者《しゃ》を一人にして、いったい家族は何をしているのだ」という怒《いか》りだったそうです。韓国《かんこく》は儒教《じゅきょう》の教えで家族を大切にします。家族に障《しょう》がい者《しゃ》がいたら、家族の者が世話をするのが当たり前という考えだそうです。

盲導犬《もうどうけん》はお留守番《るすばん》

旅行の間は、盲導犬《もうどうけん》はアイメイト協会で預《あず》かってもらいます。年一度の盲導犬《もうどうけん》の里帰りというわけです。

海外旅行に盲導犬《もうどうけん》といっしょに行かないのには、いくつかの理由があります。盲導犬《もうどうけん》の受け入れは国によりさまざまです。イギリスをはじめヨーロッパは受け入れはほとんど大丈夫《だいじょうぶ》ですが、入国の際《さい》には、検疫所《けんえきじょ》で必要な書類をそろえなければなりません。書類に不備《ふび》があると、盲導犬《もうどうけん》だけ入国できず、そのまま検疫所《けんえきじょ》に留《と》め置《お》きということもあります。言葉の通じない国ではなかなか困難《こんなん》なことです。

また、日本では狂犬病《きょうけんびょう》の予防接種《よぼうせっしゅ》が徹底《てってい》していて、過去五十年以上発生していませんが、とりわけアジアでは狂犬病《きょうけんびょう》が発生していますし、その犬にかまれて命を落とすこともあるのです。

ちなみに国内では盲導犬《もうどうけん》といっしょに飛行機を利用したことがあります。通常《つうじょう》、動物はケージに入れられて、客室ではなくて貨物室に置かれますが、盲導犬《もうどうけん》は客室のわたしの足元にいます。二、三時間くらいのフライトはなんのその、十二時間くらいのフライトでも大丈夫《だいじょうぶ》だと思います。

いつかパートナーの盲導犬《もうどうけん》といっしょに海外旅行を楽しみたいと思っています。

ワインに感謝《かんしゃ》の気持ちを込《こ》めて

妻《つま》とは、秩父第一中学校で出会いました。わたしが教師《きょうし》となって二年目のころです。妻は音楽大学を卒業したばかりの新任《しんにん》の音楽教師《きょうし》でした。そのころは、職場《しょくば》に独身《どくしん》の若い教《きょう》師《し》が多かったので、食事に行ったり、夏には海水浴《かいすいよく》、冬にはスキーにと、よくグループで行動しました。その中でひときわ明るく元気な妻《つま》にひかれて付き合うようになり、わたしが二十六歳《さい》、妻《つま》が二十四歳《さい》のときに結婚《けっこん》しました。夫婦《ふうふ》で同じ中学校にいることはできませんので、わたしが横瀬中学校に転勤《てんきん》しました。

上　同じ教師《きょうし》でもある妻《つま》・真弓《まゆみ》の明るさにいつも助けられていた。
右下　居間《いま》でくつろぐ二人。
左　日課のブラッシング。気持ちよさそうな顔のリル。

翌年《よくねん》には長女・美希《みき》が生まれ、中学校教師《きょうし》としても、家庭生活でも充実《じゅうじつ》していたときに、網膜剥離《もうまくはくり》が起きたのでした。

網膜剥離《もうまくはくり》を起こしてからは、緊急手術《きんきゅうしゅじゅつ》で入退院《にゅうたいいん》し、仕事に復帰《ふっき》するということを繰《く》り返《かえ》していました。その間、妻《つま》は短い育児休暇《きゅうか》で、中学校の音楽教師《きょうし》として仕事をしていました。妻《つま》として母親として、また教師《きょうし》として人一倍がんばっていたと思います。そんな妻《つま》に「おまえはいいよな、仕事ができて」と心ない言葉を投げかけたこともあります。

また、わたしが「死んでしまいたい」と嘆《なげ》いたとき、「そんなに死にたいのなら、わたしたち家族みんなで死にましょうよ。自分一人がつらいと思わないで」と迫《せま》られたこともあります。

同じ中学校教師《きょうし》として、妻《つま》と喜びや悩《なや》みを共有できるのもとてもありがたいと思っています。今こうして教師《きょうし》の仕事ができるのも妻《つま》の支《ささ》えと励《はげ》ましがあったからです。

ボジョレー・ヌヴォーの解禁日《かいきんび》は毎年十一月の第三木曜日と決まっています。妻《つま》の誕生《たんじょう》日《び》が十一月二十一日ですから、妻《つま》の誕生日《たんじょうび》のころに、ボジョレー・ヌヴォーが日本でも発売されるということになります。そこでわたしは、毎年、妻《つま》の誕生日《たんじょうび》には感謝《かんしゃ》を込《こ》めてボジョレー・ヌヴォーを贈《おく》っています。

恩師《おんし》　宮城道雄《みやぎみちお》先生

わたしが視覚障《しかくしょう》がい教師《きょうし》として中学校の教壇《きょうだん》に立つことができたのは、宮城道雄先生のおかげだと思っています。宮城先生は全盲《ぜんもう》ではなく弱視《じゃくし》の視覚障《しかくしょう》がいがありますが、埼玉《さいたま》県立の高校で物理を教えていました。ボランティアの方に教科書を拡大《かくだい》してもらったり資料《しりょう》を読んでもらったり、同僚《どうりょう》の先生にテストを採点《さいてん》してもらったりして、教師《きょうし》を続けていました。

あるとき、「新井さんも必ず教師《きょうし》に戻《もど》ることができますよ」といわれたことがありました。その言葉を聞いたときは、（一人で家から出ることさえできない者が、教師《きょうし》はもちろん仕事なんてできるはずがないじゃないか）とひとごとのようにしか思えませんでした。

宮城先生は、その後もたびたび、「教師《きょうし》に戻《もど》るためにいっしょにがんばろう」と電話をかけて励《はげ》ましてくれましたが、「宮城先生は弱視《じゃくし》だし高校教師《きょうし》だ。わたしのように全盲《ぜんもう》では知的障《ちてきしょう》がいの養護《ようご》学校にも戻《もど》れるはずはない。もう電話をしないでほしい」と強くいったこともあります。けれども先生は、粘《ねば》り強く何度も電話をしてきてくれました。

一九九六年（平成八年）八月、「新井さん、わたしといっしょに神戸《こうべ》に行こう。全国から視覚障《しかくしょう》がいの先生が集まります」という誘《さそ》いを受け、宮城先生たちと神戸《こうべ》に行きました。

その前年の一九九五年（平成七年）一月十七日には、阪神淡路大震災《はんしんあわじだいしんさい》が発生し、六千人以上の人が犠牲《ぎせい》となったのでした。多くの人が倒壊《とうかい》した建物の下敷《したじ》きになって命を落としました。道路も鉄道も寸断《すんだん》され、多くの人が住む家を失いました。

わたしたちが訪《おとず》れたのは、その一年半後でしたが、道路や鉄道も復旧《ふっきゅう》し、駅周辺では仮設《かせつ》ながら店も営業《えいぎょう》していました。肉親を失った悲しみを胸《むね》に、次へ踏《ふ》み出そうとするエネルギーを強く感じました。

さらに驚《おどろ》いたことに、全国には視覚障《しかくしょう》がいがありながら大学や高校で教師《きょうし》を続けている人たちがいたのです。中学校で音楽を教えている全盲《ぜんもう》の先生もいました。

そのころ、宮城先生が中心となりノーマライゼーション・教育ネットワークという会を立ち上げていました。全国で障《しょう》がいがありながらも教師《きょうし》を続けようとする人たちを支援《しえん》することを目的とした会です。

ノーマライゼーションというのは、健常者《けんじょうしゃ》も障《しょう》がい者《しゃ》もともに生きる共生社会こそがノーマル（普通《ふつう》）であるといった考えです。最近ではノーマライゼーションという言葉はよく耳にしますが、当時は耳慣《みみな》れない言葉でした。だれもが生きやすい社会が当たり前になることができたら本当にすばらしいことだと思います。

わたしは神戸《こうべ》から戻《もど》ると、ノーマライゼーション・教育ネットワークに参加しました。この会でわたしの養護《ようご》学校への復職《ふくしょく》を支援《しえん》してもらうことになりました。

この会の中に、都内の小学校の先生をしている女性《じょせい》がいました。糖尿病《とうにょうびょう》が元で失明し、脳梗塞《のうこうそく》も起こし、人工透析《じんこうとうせき》を受けながらも、教師《きょうし》を続けている人でした。その女性《じょせい》がわたしに、「わたしは糖尿病《とうにょうびょう》で全盲《ぜんもう》になり、脳梗塞《のうこうそく》も起こして、その上に人工透析《じんこうとうせき》をしているから、トリプルの障《しょう》がいよ。新井さんなんて目が見えないだけでしょう。体は健康なんだから、何だってできるわよ」と笑っていいます。

やがて彼女は両脚《りょうあし》をひざ下から切断《せつだん》することになり、教師《きょうし》を続けられなくなりましたが、「今度は車いすマラソンに出ようと思っているのよ」とどこまでも前向きでした。

その後も、教師《きょうし》として生きることに情熱《じょうねつ》を傾《かたむ》けていましたが、残念ながら短い生涯《しょうがい》を終えてしまいました。今でも、つらいとき、苦しいとき、彼女の言葉がよみがえってきます。

「目が見えないだけでしょう。体が健康なのだから何だってできるでしょう」

リハビリテーションセンターで同じ訓練《くんれん》を受けている仲間《なかま》が、次のステップである職業《しょくぎょう》資格《しかく》の取得《しゅとく》を目指すという話題になりました。視覚障《しかくしょう》がい者《しゃ》の職業《しょくぎょう》といえば、あんま・鍼《はり》・灸《きゅう》・マッサージ師《し》です。わたし自身はどうするのだと、自分自身に問いかけたときに、宮城先生の言葉がよみがえってきました。

「新井さんも教師《きょうし》に戻《もど》れるよ。いっしょにがんばろうよ」

もしかしたら教師《きょうし》に戻《もど》れるのかなあと思った瞬間《しゅんかん》でした。また何をがんばればよいのかが初めてわかったような気がしました。

自分の夢や希望は、言葉にしていうことが大切だと思います。自分の夢や希望を人に伝えることによって、人から情報《じょうほう》がもらえます。また、いろいろな意見も聞くことができます。いろいろな意見というのは、賛成《さんせい》や同意の意見もありますが、反対の意見も当然あります。わたしも視覚障《しかくしょう》がい者《しゃ》として教師《きょうし》に戻《もど》りたいという希望を人に伝えました。初めはほとんどの人が、意外だと思い、難《むずか》しいのではないか、無理なのではないかという意見でした。中学校の教師《きょうし》である妻《つま》も賛成《さんせい》はしませんでした。それは、同じ職業《しょくぎょう》ゆえに、教師《きょうし》の大変さをよくわかっているからなおさらだったと思います。

実際《じっさい》に賛成《さんせい》や励《はげ》ましをしてくれたのは、同じ視覚障《しかくしょう》がい教師《きょうし》である宮城先生たちだけでした。そのような状態《じょうたい》だったので、「教師《きょうし》に戻《もど》りたい」といってはみたものの、常《つね》に自分自身でも「本当にできるかなあ」「やっぱり無理かなあ」と自問自答を繰《く》り返《かえ》してゆれていました。しかし、繰《く》り返《かえ》し言葉にすることで、「ほかの県で視覚障《しかくしょう》がいの先生がやっているよ」「ここに連絡《れんらく》すれば相談にのってくれるよ」などと、情報《じょうほう》が入ってきました。宮城先生を中心として支援《しえん》してくれる人も現《あらわ》れました。

九年間にわたり、県教育委員会と話し合いを続け、長瀞中学校に転勤《てんきん》することができたのです。わたし一人では二、三年であきらめていたと思います。支《ささ》えてくれた人たちがいたから、希望が実現できたのです。

視覚障《しかくしょう》がいのある教師《きょうし》として復職《ふくしょく》して、中学校の教壇《きょうだん》に立つまで九年間かかりました。九年の間に養護《ようご》学校（現《げん》・特別支援《とくべつしえん》学校）と盲《もう》学校（現《げん》・特別支援《とくべつしえん》学校　塙保己一《はなわほきいち》学園）と二つの学校を経験しました。多くの人との出会いがあり、障《しょう》がいのある児童・生徒との出会いがありました。この九年間を経験せずに、すぐに中学校へ戻《もど》っていたら、きっと見えていたときの自分を思い出してしまい、苦しくて続けられなかったと思います。つまり、見えていたときのように生徒とともにグラウンドをかけ回れないことに心を痛《いた》めて、すぐにやめてしまったかもしれません。

九年間の経験から、今の自分を受け入れて、自分のできることや自分の役割《やくわり》は何だろうと考えられるようになりました。だから、中学校に再《ふたた》び戻《もど》るのに九年間もかかってしまったけれども、自分にとっては必要な時間だったと思っています。

第三章　きみたちは一人じゃない

（長瀞《ながとろ》町立長瀞《ながとろ》中学校）

優《やさ》しさが見えてきた

光を失った
光を感じなくなった
暗闇《くらやみ》の世界になった

そのため
絶望《ぜつぼう》した
死んでしまおうと思った

光を失った
光を感じなくなった
暗闇《くらやみ》の世界になった

そのおかげで
不思議と
人の優《やさ》しさが見えてきた

光を失った
光を感じなくなった
暗闇《くらやみ》の世界になった

そして
不思議に
人の優《やさ》しさって見えることがわかった

光を失った
光を感じなくなった
暗闇《くらやみ》の世界になった

そうしたら
不思議なことに
一筋《ひとすじ》の光がさしてきた

思春期は大人への準備段階《じゅんびだんかい》

不登校・いじめ・非行《ひこう》・暴力《ぼうりょく》・児童虐待《じどうぎゃくたい》……。生徒の中にはさまざまな問題を抱《かか》えている人もいます。学校で見せる姿《すがた》はその一面に過《す》ぎないと思います。一日の三分の二、三食のうち二食は家庭です。ですから、みなさんの基盤《きばん》は家庭生活にあります。でも中学生であるみなさんではどうにも解決《かいけつ》できない問題もあると思います。そうしたときには、友だちだけではなく信頼《しんらい》できる大人に相談してください。先生が信頼《しんらい》できる大人であることを望んでいますが……。

最近感じていることは、子育てというのは手を抜《ぬ》くことができないものなんだということです。赤ちゃんが首がすわり、寝返《ねがえ》りができ、ハイハイをして、つかまり立ちをし、やがて二本足で歩けるといった発達段階《だんかい》を経《へ》ることは重要なことです。

幼児期《ようじき》には、泣《な》きじゃくったりわがままをいったり強情《ごうじょう》をはったりする、いわゆる第一次反抗期《はんこうき》になります。

児童期になると、親との関係より友だちとの関係が多くなり、友だちを思いやったり、ケンカをしたりしながら友情《ゆうじょう》をはぐくんでいきます。

そして、今は思春期といわれる時期です。子どもから大人へと体の変化が生じるときです。体の変化にともない「自分は大人なんだ」という意識《いしき》も強くもつようになります。これまで頼《たよ》りにしていた親や周囲の大人の存在《そんざい》が、逆《ぎゃく》にうとましく感じられて避《さ》けるようになったり、反抗心《はんこうしん》をつのらせたりします。これが第二次反抗期《はんこうき》です。

しかし、一方ではまだまだ親から完全に独立《どくりつ》できないことも自覚しています。この相反する二つの感情《かんじょう》をもちながら少しずつ大人へと成長していきます。だから思春期の真っただ中にいるみなさんが、突然《とつぜん》の体の変化にとまどったり、自分とほかの人を比《くら》べてしまったりするのは当然なのです。親や先生とぶつかってしまうのは当たり前なのです。友だち関係で悩《なや》むことは当たり前なのです。それが思春期であり、大人になる準備段階《じゅんびだんかい》なのですから。

このような発達段階《だんかい》を経《へ》ずに飛び越《こ》したり、どこかの段階《だんかい》が抜《ぬ》けてしまったりすると、青年期や大人になってゆがんだ形で出てきてしまうような気がします。人の成長段階《だんかい》には、ショートカットはないのです。

学びたいと思ったときがチャンス

中学校で進路決定をして、高校へ進学します。最近、わたしが心を痛《いた》めているのは高校中退《ちゅうたい》の問題です。常々《つねづね》高校を辞《や》めたという報告《ほうこく》はいらないから、辞《や》める前に相談してほしいといっていますが、なかなか歯止めがききません。

盲《もう》学校での教師《きょうし》時代のことです。高校一年で中退《ちゅうたい》して働き始めましたが、バイク事故《じこ》で失明したという三十代の男性《だんせい》が高等部普通《ふつう》科に入学してきました。リハビリを経《へ》て、あんま・鍼《はり》・灸《きゅう》・マッサージ師《し》の資格《しかく》を習得《しゅうとく》し、マッサージ師《し》として働いていましたが、お客さんと接《せっ》していても会話が続かない。それは自分に教養がないためだから、もっと教養を身につけたいと、盲《もう》学校高等部普通《ふつう》科に入学してきました。この男性《だんせい》は、入学して親子ほど歳《とし》の違《ちが》う同級生と学びながら、三年間の高校生活を楽しんでいたようです。

わたしはこの男性《だんせい》のことを例に出して、たとえ高校を中退《ちゅうたい》しても、いくつになっても、高校で学びなさいといいます。遠回りしても時間がかかっても、「学ぼう、学ばなければ」と思ったときがチャンスなのです。

自分らしく生きる

一九九八年（平成十年）に、病弱養護《ようご》学校で一人の生徒に出会いました。病弱養護《ようご》学校というのは、子ども病院と二階通路でつながっている学校です。ぜんそくなどで子ども病院に入院しながら、養護《ようご》学校で学んでいたのです。

その子は、いつも自分のことを「ぼくはね……」といっていたので、目の見えないわたしはてっきり男の子だと思っていました。しかもとても元気な生徒でした。何日か過《す》ごすうちに、男の子ではないことに気づきました。

ある日その子は、「ぼくは小学校のときは、いつも外で男の子たちと遊んでいたからとても楽しかった。でも中学生になってからは一日も学校には行っていないんだ。なんで中

副担任《ふくたんにん》の志賀麻衣子《しがまいこ》先生に全体を見てもらいながら授業《じゅぎょう》を進める。（長瀞《ながとろ》町立長瀞《ながとろ》中学校）

慣《な》れた手つきで黒板にスケールをあて、文字を書く。（皆野《みなの》町立皆野《みなの》中学校）

学校には制服《せいふく》なんかあるんだよ。ぼくはスカートなんかはけないんだ。ぼくが学生服と学生ズボンで行くといったら、お母さんが許《ゆる》してくれなかった」と話してくれました。養護《ようご》学校は制服《せいふく》がありませんから、その生徒はいつもジーンズをはいているといっていました。

その子は、いわゆる体と心の性《せい》が一致《いっち》しない「性同一性障《せいどういつせいしょう》がい」の生徒でした。どうしてわたしに話しやすかったかと考えたところ、きっとわたしが外見で人を判断《はんだん》することができなかったからだと思います。視覚障《しかくしょう》がいもいいことがあるのだなあ、と思った経験《けいけん》でした。

あれから十七年たちました。あのときの生徒はもう三十歳《さい》を過《す》ぎたと思います。今ごろどうしているかなと思うこともあります。心と体は一致《いっち》しただろうか、男らしくではなく、女らしくではなくて、「自分らしく」生きているだろうかと考えます。

二〇一五年（平成二十七年）四月、東京《とうきょう》の代々木公園《よよぎこうえん》で参加者五万人を超《こ》える「東京レインボープライド」という祭典がありました。同性愛《どうせいあい》、両性愛《りょうせいあい》、性別《せいべつ》に違和感《いわかん》を抱《いだ》く人といった性的《せいてき》少数者の祭典です。虹《にじ》（レインボー）は多様性《たようせい》の象徴《しょうちょう》とされます。男らしさでも女らしさでもない「自分らしさ」に誇《ほこ》りをもち、胸《むね》をはって歩くから、世界各地で催《もよお》される性的《せいてき》少数者のパレードを「プライド」と呼《よ》ぶそうです。

男らしさ、女らしさという言葉にとらわれずに、自分らしさを取り戻《もど》すために、自らを性的《せいてき》少数者だとカミングアウト（公言）できる社会に一歩近づいたのではないでしょうか。

人がカミングアウトしてわかるのは、その人の正体ではなくて、それを知った人の正体だという話を聞いたことがあります。カミングアウトを聞いた人が、どんな偏見《へんけん》や差別意識《いしき》をもっているか、どれだけ正義感《せいぎかん》があって公正なのかがわかってしまうというわけです。

心を受け止めることの大切さ

わたしが盲《もう》学校に勤務《きんむ》していたときに、高等部普通科《ふつうか》に入学してきた二十代の青年がいました。中学校を卒業して就職《しゅうしょく》していたけれども、病気で視力《しりょく》が低下して、仕事を辞《や》めてしまったそうです。盲《もう》学校の高等部普通科《ふつうか》で三年学び、さらに専攻科《せんこうか》に進み、あんま・鍼《はり》・灸《きゅう》の資格《しかく》を取得《しゅとく》したいという希望でした。わたしはその生徒の担任《たんにん》になりました。

彼《かれ》は陽気で優《やさ》しく、クラスのよきお兄さん的な存在《そんざい》の二十代の青年です。彼《かれ》の高校生活も順調のように思われました。けれども、やがて体の不調や睡眠《すいみん》不足が続き、保健室《ほけんしつ》で休むことが多くなりました。自傷行為《じしょうこうい》（手首や腕《うで》に無数の傷《きず》をつける）も起こすようになりました。

ほかの先生と協力し、時間をかけて彼《かれ》の話を聞いていったところ、彼《かれ》自身の目の不安だけではなく、父親の入院、兄の借金など家族の問題を彼《かれ》が一人で負っていることがわかってきました。その不安に耐《た》えきれず、夜一人になると自傷行為《じしょうこうい》をしてしまうとのことでした。

彼《かれ》は「先生信じてほしい。決して死んでしまおうと思って、傷《きず》つけるわけではないんだ。傷《きず》つけることで落ち着くことができるんだ」と話してくれました。

わたしは彼《かれ》に心配していることを告げました。そして、彼《かれ》を連れて心療《しんりょう》内科にも行きました。また、生活保護《ほご》の相談に市役所の福祉課《ふくしか》にも行きました。学校と医療《いりょう》、福祉《ふくし》の協力を考え具体的に行動しました。

（皆野町立皆野中学校）

その後、彼《かれ》の人柄《ひとがら》もあり、多くの人に支《ささ》えられ資格《しかく》を取得《しゅとく》して盲《もう》学校を卒業し就職《しゅうしょく》することができました。

命のリレー

二〇一一年（平成二十三年）三月十一日、午後二時四十六分、東日本大震災《ひがしにほんだいしんさい》が発生しました。宮城県三陸沖《みやぎけんさんりくおき》を震源《しんげん》とする、マグニチュード九・〇の地震《じしん》が発生したのです。この地震《じしん》による死者と行方不明者数は一万八千人以上に及《およ》びます。また、福島県《ふくしまけん》の原子力発電所の事故《じこ》による放射線被害《ほうしゃせんひがい》により多くの人がいまだに避難《ひなん》をよぎなくされています。

あなたたちは、このときどこにいましたか？　このときどんな行動をとりましたか？　次から次へと被害《ひがい》の様子が報道《ほうどう》されましたが、何を感じ、何を思いましたか？　流通がとどこおり、食糧《しょくりょう》不足、ガソリン不足、繰《く》り返《かえ》される計画停電など、初めて体験させられることばかりだったと思います。

将来《しょうらい》あなたが結婚《けっこん》して子どもができたら、「お父さんが小学校三年生の終わりのころに、東北地方《とうほくちほう》に大きな地震《じしん》があって、そのあとにとても大きな津波《つなみ》がきて、たくさんの人が津《つ》波《なみ》にさらわれてしまったのだよ」と。また、その子どもが成長してあなたに孫《まご》ができたら、「おじいちゃんが子どものとき、とても大きな津波《つなみ》があったんだ。いつかおまえがそのような災害《さいがい》に遭遇《そうぐう》したら、すぐに海岸から離《はな》れてできるだけ高い所に逃《に》げるんだよ」とあなた自身の言葉で語り継《つ》いでいってください。語り継《つ》ぐことによって、あなたの家族や大切な人の命を守ることができるのです。

もし、あなたたちが事故《じこ》や事件《じけん》、災害《さいがい》に遭遇《そうぐう》してしまったらどうしますか？　まずは自分自身の安全を確保《かくほ》し、ケガをしている人がいたら助けなければなりません。友だちや小さな子ども、お年寄《としよ》りを守らねばなりません。昼間は地域《ちいき》を離《はな》れて仕事に行っている大人たちや、高校生や大学生の兄や姉たちに代わって、地元の先頭に立って守るのはあなたたち中学生なのです。勉強や部活で身につけた判断力《はんだんりょく》や行動力を生かして、ケガをしている人、子どもやお年寄《としよ》りを守らなければなりません。そうして、次から次へと命のリレーをつないでいってください。

命のリレーとはいったいどういうことなのでしょうか？　あなたが存在《そんざい》するためには、父母がいます。あなたの父親にも父母がいます。もちろん、あなたの母親にも父母がいます。あなたにとって祖父母《そふぼ》にあたりますが、父方の祖父母《そふぼ》にもそれぞれ父母がいました。母方の祖父母《そふぼ》にもそれぞれ父母がいました。

たとえば、二十代さかのぼると、いったい何人ぐらいになると思いますか？　式で表すと、2×2×2×2×……＝2の20乗＝1、048、576。百万人以上の人になります。さらにさかのぼっていけば、おそらく今、日本にいる人すべて結びついてしまうでしょう。

このつながりは必ずあったわけです。また、どの組み合わせを欠いても、わたしは存在《そんざい》しなかったはずです。わたしという存在《そんざい》は、過去《かこ》からの多くの人のいわば命のリレーです。そしてわたしもまた、次へと命をリレーしていくのです。

心を打ち明けられる人がいますか？

二〇一五年（平成二十七年）二月下旬《げじゅん》、神奈川県《かながわけん》の男子中学生が多摩川《たまがわ》の河川敷《かせんしき》で遺体《いたい》で発見されました。十八歳《さい》をリーダーとするグループに呼《よ》び出されて暴行《ぼうこう》を受け、たった十三歳《さい》の命が絶《た》たれてしまったのです。

彼《かれ》はクラスの人気者でいつも笑っていたといいます。家庭でも悩《なや》んでいたり、困《こま》っていたりする様子を見せなかったとお母さんはいいます。三学期からは不登校になり、学級担《たん》任《にん》の先生は、たびたび電話連絡《れんらく》や家庭訪問《ほうもん》を行ったといいますが、本人とは電話で一度話せただけだったそうです。

少年はなぜグループから抜《ぬ》けられなかったのでしょうか？　不登校の中からの彼《かれ》のSOSにまわりの大人たちは気づいてあげることができなかったのです。この事件《じけん》は社会に大きなショックをあたえました。なぜ周囲の大人たちは、この少年を救ってあげられなかったのかと……。わたしも心が痛《いた》んでいます。

さて、同じ中学生のあなたたちに聞きます。本当に困《こま》ったとき、本当に苦しいときに相談できる人がいますか？　友だち・先輩《せんぱい》・兄弟・親・先生……とにかく苦しい心を打ち明けられる人がいますか？　もしも、打ち明けられる人がいなかったら、必ずつくってほしいと思います。何をつくるって？　本当に困《こま》ったときに悩《なや》みを打ち明けられる人間関係をつくるのです。

また、打ち明けられた人は、どうか身近な大人に伝えてほしいのです。かけがえのない命を守るために……。

本当に苦しいとき、本当につらいとき、メールでそのことが相手に伝わると思いますか？　ふだんからごく軽い気持ちでメールに「つらい」「もうだめ」「死にそう」などと書き込《こ》んでいるとしたら、その言葉は、相手にとっては日常会話《にちじょう》のようにしか受けとられないのではないでしょうか？　本当に気持ちを伝えようと思ったら、相手の目を見て、相手の顔色を見て、相手の息づかいを感じて、自分の言葉で伝えることが大切だと思います。

優《やさ》しさが見えてきた

長瀞《ながとろ》中学校では文化祭のときに、クラスごとに演劇《えんげき》を発表します。一年B組の出し物は、みなさんもよく知っている『裸《はだか》の王様』（アンデルセン作）でした。

ある国のとてもおしゃれな王様は新しい洋服ができあがると、それを見せるためにパレードをやるほどでした。あるとき、サギ師《し》が現《あらわ》れて王様に、「わたしの服はとても珍《めずら》しい糸でつくるので、賢《かしこ》い者には見えますが、バカな者には見えないのです」といいます。王様はそのサギ師《し》にその服をつくるように命じ、できあがった服を着てパレードをします。ところが、王様は何も身につけていなかったのです。裸《はだか》です。大人たちは王様に対して何もいえませんでしたが、人ごみの中から出てきた一人の子どもが、王様を指差し「王様は裸《はだか》だ！」と叫《さけ》びました。人々もそれをきっかけに口々に「王様は裸《はだか》だ」といいました。

大人たちは、自分がバカだと思われたくないため、だれ一人として「王様は裸《はだか》だ」といえなかったのです。「王様は裸《はだか》だ」といえたのは、純粋《じゅんすい》な心、素直《すなお》な心をもった子どもだけでした。

そして、最後のナレーションには、『星の王子さま』（サン＝テグジュペリ作）のせりふを付け加えました。

「星の王子さまはいいました。心で見なくちゃ、物事はよく見えないってことさ。肝心《かんじん》なことは目には見えないんだ」

「見えなくなって見えたもの」――それは、「人の心」です。わたしは目が見えなくなって、人の心の優《やさ》しさや心の温かさがよくわかるようになってきました。その人の見かけにとらわれないというのは確《たし》かですが、その代わりその人の表情《ひょうじょう》もわかりません。でも、表《ひょう》情《じょう》が見えなくても、その人の発する言葉や雰囲気《ふんいき》でわかるのです。その人の優《やさ》しさや温かさが。

中途《ちゅうと》で障《しょう》がい者《しゃ》になった人の中には、障《しょう》がい者《しゃ》になった自分の姿《すがた》を見られたくないという人もいます。元気で働いていた姿《すがた》を知っている人に、今の自分を見られたくないという

授業《じゅぎょう》は常《つね》に、二人一組のチームティーチングで行われる。（長瀞町立長瀞中学校）

「急がなくてもいいから、じっくり考えてから答えを出そう」

思いからです。わたしもその気持ちは十分わかります。

わたしは元の養護《ようご》学校に、全盲《ぜんもう》となり盲導犬《もうどうけん》とともに復職《ふくしょく》しました。当然、わたしが元気で動きまわっていたことを知っている先生もたくさんいます。決意して復職《ふくしょく》したのだから、そんな自分をさらけだすのは当たり前です。でも、胸《むね》がしめつけられるような思いの日々は続きました。

しばらくすると、以前はよく話をしていた先生が、わたしの前を無言で通り過《す》ぎたり、今まであまり口をきかなかった先生が優《やさ》しく声をかけてくれたりということが起こりました。まるでわたしがリトマス試験紙になったような気がしました。もちろん、見えていたときと変わらずに接《せっ》してくれる先生もいます。でも、明らかに以前と接《せっ》する態度《たいど》が変わった先生もいます。わたしのために点字を習い始めた先生もいました。やはり、見えなくなって、人の優《やさ》しさや温かさが見えてきた思いです。

アンバランスな正三角形

秩父《ちちぶ》では毎年十二月三日に秩父夜祭《ちちぶよまつり》が行われます。長瀞中学校でも、祭りが近づくと生徒たちが落ち着かなくなります。もっぱらの関心は、秩父夜祭《ちちぶよまつり》にだれと行くのかということです。部活動の仲間、小学校時代からの友だち、ちょっとませた子は好きな人と……など選択《せんたく》を迫《せま》られるのがこの十二月三日なのです。

優先順位《ゆうせんじゅんい》をみていくと、カップルで行くのが第一優先《ゆうせん》で、次は部活動の仲間《なかま》で行くのが優先《ゆうせん》されるようです。男子はわりと大人数でぞろぞろと出かけるようですが、友だち関係でこじれるのは、女子のほうが多いように思います。

女子三人組でいつもこじれているグループがありました。三人の関係が、うまく正三角形のバランスを保《たも》てず、二等辺三角形や直角三角形になってしまうのです。三人のうち一人が仲間《なかま》はずれになってしまい、悩《なや》んで相談室に訪《おとず》れるということを繰《く》り返《かえ》しました。

今までの経験《けいけん》を基《もと》にした先生からのアドバイスは的確《てきかく》なのですが、人生経験《けいけん》の少ないみなさんからしてみると、「先生はそういうけれど……」とそのアドバイスはなかなか受け入れられないことでしょう。今を生き、今悩《なや》んでいるみなさんは、今がすべてだからです。悩《なや》むことはしかたのないことです。ですから、それで失敗してもいいのです。大切なことは、同じ失敗を繰《く》り返《かえ》さないということです。悩《なや》んだことや失敗したことを次のときに生かせなかったら、学んだことにはなりません。同じ失敗を繰《く》り返《かえ》してしまうのは、学んでいないからです。

人を好きになるということ

中学生のみなさんが、人を好きになることはごく自然なことだと思います。また、人を好きになることはすばらしいことです。わたしも小学校一年生の初恋《はつこい》から始まり、人を好きになったことはたくさんあります。生徒からも、「○○くんが好きなんです」「彼女《かのじょ》にコクっちゃった」などなど、こういう恋愛《れんあい》の話を聞くのは楽しみです。

でも、最近の中学生の恋愛事情《れんあいじじょう》も変わってきたなあと感じています。まず、告白の方法です。昔は手紙を書いたり、家に電話をかけて相手を呼《よ》び出し、直接《ちょくせつ》告白したりするというのが主流でした。彼女《かのじょ》（彼《かれ》）の家に電話をするのも、お母さんが電話に出たら何といおうかと悩《なや》んだものです。

手紙も何度も何度も書き直し、いざポストに入れるときにも勇気がいりました。今や電話も直接《ちょくせつ》相手にかけられます。手紙はメールにとって代わられてしまいました。LINEの出現《しゅつげん》により、より人間関係が複雑《ふくざつ》になり、わたしは便利でよいなあとは思わず、むしろ今の中高生は大変だなあと思います。

実際《じっさい》にネットや携帯《けいたい》、スマホに関わる悩《なや》みの相談をよく聞きました。犯罪《はんざい》に巻《ま》き込《こ》まれそうな例もいくつか相談を受けました。携帯《けいたい》やスマホの出現《しゅつげん》により、中高生が犯罪《はんざい》に巻《ま》き込《こ》まれることが飛躍的《ひやくてき》に増《ふ》えてきました。そんなことに遭遇《そうぐう》してしまったら、すぐに先生や大人に相談してほしいと思います。

手書きの手紙からメールにと、ツールは大きく変わりましたが、どんなにツールが変わろうと、人が人を思う気持ちは変わらないと思います。

自分の決定に後悔《こうかい》しない

わたしは三十四歳《さい》のときに失明しました。その後、進路選択《せんたく》を迫《せま》られることになりました。視覚障《しかくしょう》がい者《しゃ》として、教師《きょうし》に戻《もど》るか、あんま・鍼《はり》・灸《きゅう》・マッサージ師《し》を目指すかという選択《せんたく》です。すでに子どもも三人いて、家族のある者としてはどちらかで働くという選択《せんたく》しかありません。だれに聞いても、「目が見えないのだったら、マッサージ師《し》になるのがよいのでは」という答えしか返ってきません。

「新井さんも教師《きょうし》に戻《もど》れるよ」といってくれたのは、宮城道雄《みやぎみちお》先生、たった一人でした。ほとんど前例がなく、その方法も手だてもないころです。中学校の音楽教師《きょうし》をしている妻《つま》も賛成《さんせい》してくれません。その仕事の大変さや教師《きょうし》に戻《もど》る難《むずか》しさを考えてのことです。常《つね》に自分自身と対話しました。そしてこう考えたのでした。

「目が見えなくなってから、あきらめることばかりだった。夢《ゆめ》まであきらめてしまうのか。挑戦《ちょうせん》してみて、たとえ教師《きょうし》に戻《もど》れなくても後悔《こうかい》しないだろう。でも、挑戦《ちょうせん》せずにここであきらめると後悔《こうかい》することになるだろう」

人生最大の決断《けつだん》でした。

実《じつ》は人は目覚めてから寝《ね》るまで、「今起きようか、もう少し寝《ね》ていようか」「今トイレに行こうか、どうしようか」など、意識《いしき》があるときは、常《つね》にこの「選択《せんたく》―決定―行動」を一日に何百回と繰《く》り返《かえ》しているのです。

高校進学や進路選択《せんたく》も重要なことに違《ちが》いありません。けれども、常《つね》に日常《にちじょう》生活の中でやっていることの一つなのです。たとえ厳《きび》しく命令されたとしても、その命令に従《したが》うか従《したが》わないかは、自分自身で「選択《せんたく》―決定―行動」しているわけです。

だから、大切なことは、人のせいにしないこと、自分の決定には後悔《こうかい》しないことだと思います。

社会人として大切なこと

二十代の教師《きょうし》時代に教えていた生徒も、もはや四十代、三十代となりました。会社でも中心となって活躍《かつやく》していたり、結婚《けっこん》して子どもができて、親としてもがんばっている教え子もたくさんいます。そんな教え子を見ていると、中学校時代の勉強の成績《せいせき》と、社会での活躍《かつやく》やよい家庭をもつこととはあまり関係ないなと感じました。中学校時代に勉強の成績《せいせき》がよかった人が、必ずしも社会で活躍《かつやく》できるとは限《かぎ》らないということです。中学校時代の成績《せいせき》が悪かった人が、社会で活躍《かつやく》している場合も多いということです。

現在《げんざい》、中学校で教えているわたしがこんなふうにいうのはおかしな話ですが……。もちろん、勉強の成績《せいせき》はよいことにこしたことはありませんが、社会で活躍《かつやく》できるのは別の能《のう》力《りょく》が必要だと思います。

では、その能力《のうりょく》は何でしょうか?

わたしは人間関係づくりの能力《のうりょく》、コミュニケーションの能力《のうりょく》だと思います。人と関わり、人と付き合っていく能力《のうりょく》が社会で活躍《かつやく》できる力なのではないかと思っています。

「あいさつ・返事・笑顔《えがお》・大きな声・機敏《きびん》な動作」

この目標は長瀞中学校にも掲《かか》げてありました。これは、ある会社が社員に求めた目標なのです。ですから、社会人に求められる基本《きほん》だといえます。この目標をしっかり達成できれば社会人としても通用します。あなたはどうですか？

それぞれ違《ちが》う「見つめ直す時間」

小学校のころから不登校で、中学校になってもほとんど学校に来ない男子がいました。学校に来ないで何をしているかというと渓流《けいりゅう》釣《づ》りの日々でした。釣《つ》りのことなら何でも知っています。中学三年生になると、学校に登校するようになってきましたが、先生と衝《しょう》突《とつ》して暴《あば》れたり、仲間《なかま》と問題行動を繰《く》り返《かえ》したりしていました。

スクールカウンセラーから、「彼《かれ》のまわりには、彼《かれ》が信頼《しんらい》できる大人がいない」といわれたことがありました。その言葉がわたしの頭に残り、彼《かれ》と向き合うことになりました。彼《かれ》に信頼《しんらい》される大人になるにはどうしたらよいかを考えた結果、彼《かれ》をとことん信頼《しんらい》してみようと思いました。彼《かれ》の話をとことん聞き、彼《かれ》の問題行動には目をつぶり、もっともわたしの場合は目をつぶるまでもないのですが気づかないふりをしました。

すると、やがて彼《かれ》はわたしをほかの大人と違《ちが》うなと感じたようで、釣《つ》りの学校（フィッシング・カレッジ）に入りたいといい出しました。学びながら、釣《つ》りのトーナメントプロを養成する学校です。彼《かれ》と二人で、その学校の元関係者に話を聞きに出かけたこともあります。その学校の入学のための自己《じこ》ＰＲの作文も二人で考えました。釣《つ》りのトーナメントプロになりたいという希望を否定《ひてい》せず、繰《く》り返《かえ》し聞きました。すると、少しずつではあるけれど、彼《かれ》がわたしのことを信頼《しんらい》してくれるようになりました。問題行動は相変わらずでしたが、わたしにはよいところを見せたいという思いが伝わってきました。相手に信頼《しんらい》されたかったら、まず自分が相手を信頼《しんらい》することだと実感させられました。

学校に来られずに家に閉《と》じこもって不登校になってしまった生徒がいます。朝起きる、夕方登校、そして「さわやか相談室」（心の悩《なや》みを抱《かか》えている生徒の相談などを聞く）にといった段階《だんかい》を二年近く続けて、中学校を卒業していった生徒もいます。

高校へ進学したものの、通学できずに中退《ちゅうたい》してしまった生徒もいます。不登校を経験《けいけん》し、自分のような不登校の生徒の心に寄《よ》り添《そ》いたいと、将来《しょうらい》スクールカウンセラーを目指したいという生徒もいます。そんな生徒にわたしは「ぜひスクールカウンセラーを目指してほしい。あなたがそんな生徒のいちばんの理解者《りかいしゃ》になれるはずだから」といいました。

引きこもりや不登校の時間も、人それぞれあると思います。けれども、その人にとって決してむだな時間ではなくて、その人に必要な時間であると思っています。

よく人から「障《しょう》がいを克服《こくふく》して」あるいは「障《しょう》がいを乗り越《こ》えて」などといわれます。でも、わたし自身は、障《しょう》がいを克服《こくふく》したり乗り越《こ》えたりというのは少し違《ちが》うような気がします。

今でも、「ああ、目が見えたらなあ」「バイクに乗れたら気持ちがいいだろうなあ」と思うことがあります。時間をかけて少しずつ少しずつ、障《しょう》がいを受け入れてきたのだと思います。少しずつ少しずつ見えないという現実《げんじつ》に向き合うようになったのだと思います。

どんなに苦しんでも、どんなに悩《なや》んでも、この見えないという現実《げんじつ》は変わらないということに気づくのにも時間がかかりました。変わったのは、わたしの気持ちだけだと思います。

第四章

光の中を生きるきみたちへ

（皆野《みなの》町立皆野《みなの》中学校）

今のきみは

今のきみは
いったい何を考えてるの
どうしてそんなに怒《おこ》っているの
なぜ泣《な》いているの
そしてきみはだれなの

今のきみは
どこに行こうとするの
どっちを見つめているの
いったい何がほしいの
そして今のきみは何歳《なんさい》なの

今のきみは
いったい何がわからないの
どうしてそんなことをいうの
なぜ人を愛するの
そして今のきみは大人になるの

日本国憲法《けんぽう》の三大原則《げんそく》

日本国憲法《けんぽう》の三大原則《げんそく》は何ですか？　小学校でも学習しているので答えられる人も多いでしょう。

答えは「基本的人権《きほんてきじんけん》の尊重《そんちょう》・国民主権《しゅけん》・平和主義《しゅぎ》」ですね。では、この三つの中で最も大切なものは何でしょうか？　やはり、第九条《じょう》にある平和主義《しゅぎ》でしょうか。いえいえ、国の法律《ほうりつ》だから国民主権《しゅけん》でしょうか。正解《せいかい》は、基本的人権《きほんてきじんけん》の尊重《そんちょう》です。

もちろん、どれ一つ欠くことのできない大原則《げんそく》ですが、三つの中でとなると、国民一人ひとりが個人《こじん》として尊重《そんちょう》される基本的人権《きほんてきじんけん》の尊重《そんちょう》だと思います。

日本国憲法《けんぽう》の第十一条《じょう》から第十四条《じょう》をあげておきます。

第十一条《じょう》　国民は、すべての基本的人権《きほんてきじんけん》の享有《きょうゆう》を妨《さまた》げられない。この憲法《けんぽう》が国民に保障《ほしょう》する基本的人権《きほんてきじんけん》は、侵《おか》すことのできない永久《えいきゅう》の権利《けんり》として、現在及《げんざいおよ》び将来《しょうらい》の国民に与《あた》へられる。

第十二条《じょう》　この憲法《けんぽう》が国民に保障《ほしょう》する自由及《およ》び権利《けんり》は、国民の不断《ふだん》の努力によつて、これを保持《ほじ》しなければならない。又《また》、国民は、これを濫用《らんよう》してはならないのであつて、常《つね》に公共の福祉《ふくし》のためにこれを利用する責任《せきにん》を負ふ。

第十三条《じょう》　すべて国民は、個人《こじん》として尊重《そんちょう》される。生命、自由及《およ》び幸福追求に対する国民の権利《けんり》については、公共の福祉《ふくし》に反しない限《かぎ》り、立法その他の国政《こくせい》の上で、最大の尊重《そんちょう》を必要とする。

第十四条《じょう》　すべて国民は、法の下《もと》に平等であつて、人種、信条《しんじょう》、性別《せいべつ》、社会的身分又《また》は門地により、政治的、経済的又は《けいざいてきまた》社会的関係において、差別されない。(以下、略《りゃく》)

このようにだれにも等しく基本的人権《きほんてきじんけん》が保障《ほしょう》されているのです。

あなたの卒業した小学校や現在《げんざい》学んでいる中学校には、児童や生徒として車いすに乗った肢体《したい》不自由の人、知的障《しょう》がいのある人、目が見えない、あるいは見えにくい視覚障《しかくしょう》がいのある人、耳の聞こえない、あるいは聞こえにくい聴覚障《ちょうかくしょう》がいのある人はいるでしょうか？　そういう児童や生徒はいないのでしょうか？

いえいえ、養護《ようご》学校・盲《もう》学校・ろう学校、現在《げんざい》は特別支援《とくべつしえん》学校といわれる学校にいます。特別支援《とくべつしえん》学校の小学部で六年間・中学部で三年間・高等部で三年間、みなさんと同じように学んでいるのです。地元の小学校や中学校、高校ではなくて、特別支援《とくべつしえん》学校へ十二年間通っているのです。

みなさんが障《しょう》がいのある同い歳《どし》の人と接《せっ》するのは、高校を卒業して、大学へ進学したときや、就職《しゅうしょく》した職場《しょくば》で初めて出会うことになります。十八歳《さい》を過《す》ぎてから、障《しょう》がいのある人に出会ったら、とまどいがあるのは当然だと思います。

よく学校は社会の縮図《しゅくず》だといわれます。社会に出ても困《こま》らないように、児童会や生徒会を運営《うんえい》したり、選挙をしたりします。運動会や体育祭、部活動で先輩《せんぱい》や後輩《こうはい》の上下関係や礼儀《れいぎ》などを学びます。学活や道徳《どうとく》で、話し合い、思いやりや助け合い、命の大切さなどを学びます。先生は、「みなさんが社会に出て行くために、今学んでいるのです」といいます。それは正しいことで、必要なことに違《ちが》いありません。

ところが、みなさんが学んでいる学校という社会は、障《しょう》がいのある人がいない社会なのです。十二年間、障《しょう》がいのある人がいない社会で過《す》ごしてきたのです。現実《げんじつ》の社会で障《しょう》がいのある人に会ったとき、大学で障《しょう》がいのある学生がいたとき、同じ職場《しょくば》に障《しょう》がいのある人がいたとき、どうしたらよいかわからないのは当然です。そしてそれは学校の先生も教えてくれません。どうして学校の先生が教えてくれないかというと、みなさんと同じ理由で障《しょう》がいのある人に接《せっ》していないからです。先生が大学を卒業して、すぐに普通《ふつう》学校の先生になった人も多いでしょう。もしかすると働いている社会人の中で、いちばん障《しょう》がいのある人と接《せっ》していない人は普通《ふつう》学校の先生かもしれません。つまり、小・中・高の十二年間は、社会に出て活躍《かつやく》するために必要な力を学ぶ期間です。けれども、その社会は障《しょう》がいのある人を排除《はいじょ》した社会であり、生活だということを知ってほしいと思います。

みなさんの中には、家族や親せきに障《しょう》がいのある方がいる人もいるかもしれません。そういった人は、ほかの人よりも、障《しょう》がいによる不自由さや不便さ、障《しょう》がいによる課題《かだい》や困難《こんなん》さを理解《りかい》していると思います。

ここで障《しょう》がい者《しゃ》に接《せっ》するといっているのは、同級生や職場《しょくば》の同僚《どうりょう》として接《せっ》するということです。同級生や同僚《どうりょう》として、対等な立場である障《しょう》がい者《しゃ》とどう対するかということをいっています。

学校の福祉《ふくし》の学習のときに、車いす体験やアイマスク体験をしたり、障《しょう》がいのある人から話を聞いたりしたということを耳にします。それは単なる体験であって、生活経験《けいけん》ではありません。

たとえば、友だちと二人一組で、一方の人がアイマスクを着け、もう一方の人がガイドをしたとします。アイマスクを着けた人は、「恐《こわ》かった」といった感想しかもちません。本当に視覚障《しかくしょう》がいの体験をするのであれば、せめて朝起きてから夜寝《ね》るまでのまる一日、体験してほしいと思います。

実際《じっさい》に生活経験《けいけん》をした人がいます。日本での盲導犬《もうどうけん》一号を生み出し、五十年間で通算千号の盲導犬《もうどうけん》を社会に送り出したアイメイト協会の故《こ》・塩屋賢一《しおやけんいち》さんです。彼は、盲導犬《もうどうけん》第一号を生み出すときに、朝起きてから夜寝《ね》るまで目隠《かく》しをして、一か月間過《す》ごしたといいます。塩屋賢一《しおやけんいち》さんは「盲人《もうじん》になりきることはできないけれども、何かわかるのではないかと思ってやってみた」といいました。まさに盲導犬《もうどうけん》の父です。わたしも初代クロード、二代目マーリンのときに、話をさせてもらいましたが、わたしの最も尊敬《そんけい》する人です。

戦争と障《しょう》がい者《しゃ》

二〇一五年（平成二十七年）。今年で終戦後七十年を迎《むか》えます。終戦の年に生まれた人も、七十歳《さい》になります。もはや戦争を体験している人も少なくなってきました。

一九四一年（昭和十六年）から日本が参戦した第二次世界大戦は、一九四五年（昭和二十年）の八月十五日の終戦まで続きました。東京《とうきょう》は何度となくB29の空襲《くうしゅう》にみまわれました。東京《とうきょう》は焼け野原となり、十万人もの命が奪《うば》われました。東京《とうきょう》の空襲《くうしゅう》が激《はげ》しくなってくると、政府《せいふ》は子どもたちを守るために、学校ごとに集団疎開《しゅうだんそかい》をするように命じました。先生が子どもたちを列車に乗せて、地方に疎開《そかい》して行ったのです。ところが、盲《もう》学校などの障《しょう》がい児《じ》が学ぶ学校にはいくら待っても疎開《そかい》の命令がでませんでした。先生たちは、そんな政府《せいふ》の対応《たいおう》に怒《おこ》り、先生たちが子どもたちを連れて、自主的に疎開《そかい》したという話を聞いたことがあります。そればかりではなく、終戦後も学校が再開できずに何年か疎開先《そかいさき》でとどまっていたということも聞きました。

戦争は多くの尊《とうと》い命を奪《うば》います。そればかりではなく、多くの障《しょう》がい者《しゃ》も生まれてしまいます。同じ過《あやま》ちを繰《く》り返《かえ》すのは愚《おろ》かなことです。歴史を学んだらこれを生かしていかなければなりません。戦後七十年の節目に、平和の大切さを考えてみてください。

「思いやりホルモン」

進路指導《しどう》の学習で、「職業調《しょくぎょう》べ」という課題《かだい》がありました。両親や家族の人にインタビューして、仕事について知るというものです。多くの生徒が両親にインタビューしていました。

その中の項目《こうもく》の、「なぜ働くのですか？」という質問《しつもん》に対して、ほとんどの人が「家族を支《ささ》えるために」「家族のために」と答えていました。ほっとすると同時に、それが真実だろうと思います。

人はなぜ働くのかという問いは、なぜ生きるのかという問いにつながると思います。

人は人の中でしか生きられないものだと思います。また、人間関係がうまくいっている人ほど、健康で長生きしているともいわれます。だから、なぜ生きるのかという問いに対して、「家族を守るために」「人を助けるために」と答えた人は、「人のために生きる」のではないかと思います。

出産や母乳分泌《ぼにゅうぶんぴつ》をうながすオキシトシンというホルモンがあるそうです。ここ数年の研究で男性《だんせい》にも存在《そんざい》することがわかってきました。オキシトシンは相手の身になったり、相手の幸せを考えたりするときに分泌《ぶんぴつ》される「思いやりホルモン」なのだそうです。気持ちをリラックスさせたり、痛《いた》みに耐《た》えたり、感染症《かんせんしょう》を予防《よぼう》したりするすごい働きがあるそうです。だから、だれかのために何かをしている人ほど元気で長生きするのではないかと思います。

死とは？　生きるとは？

「死ぬということはどういうことか？」「死とは何か？」

だれもに平等に訪《おとず》れる死、この世に生を受けてから始まる死ですが、わたし自身にもはっきりと結論《けつろん》みたいなものは出せません。ましてやみなさんにとっては、遠い未来のことですから、わからなくてもしかたがありません。でも、身近な人の死に接《せっ》したときにはだれもが考えるのではないでしょうか。

わたしも失明して絶望《ぜつぼう》のどん底にいたときは、「死んでしまいたい」と思っていた時期がありました。そして「死ぬということはどういうことなのか」ということも考えました。まったくの無の世界なのか、あの世というものはあるのか、生まれ変わるということがあるのか一生懸命《いっしょうけんめい》考えましたけれどもわかりませんでした。

次に考えたことは、「では逆《ぎゃく》に、生きるということはどういうことなのか」ということでした。このまま見えないまま、見えない世界で生きるということはどういうことかを考えました。

妻《つま》からは「生きていてくれるだけでいい」といわれました。それは夫として、三人の子どもの親として生きていてほしいという思いから出た言葉だと思います。けれども、わたしにとっては、ますます生きるということがわからなくなりました。家に引きこもって仕事もしないでいることが、本当に生きているということだろうかと思ったからです。

段階的《だんかいてき》ではあったけれども、リハビリをして少しずつできることが増《ふ》えていったこと、悩《なや》みや苦しみを共有できる仲間《なかま》を得《え》たこと、そして教師《きょうし》に戻《もど》ったことで生きる意味を具体化することができました。その間も妻《つま》に支《ささ》えられていた夫であり、三人の子どもの成長を見守ってきた親であったことには違《ちが》いはないのですが。

だから、〈生きる〉ということは「だれかのために生きる」ことではないかと考えました。見方を変えると「人に生かされている」ということに気づきました。なぜなら、人は決して一人では生きていけないからです。

中学校の教師《きょうし》が「死」について考えてみてくださいなんて、とんでもないと保護者《ほごしゃ》からおしかりを受けるかもしれませんが、誤解《ごかい》しないでください。決して自殺を考えてほしいといっているのではありません。限《かぎ》りある「生」をよりよくするために、だれにも平等に与《あた》えられている「死」から考えてほしいといっているのです。結論《けつろん》みたいなものはでませんが、自分なりに「死」とはどういうものかを考えてみることです。そして、次に「生きる」とはどういうことなのか、やはり自分なりに考えてみることが大切なのではないかと思います。

もちろんわたしとみなさんでは、年齢《ねんれい》が離《はな》れていますし、残された時間も違《ちが》いますので、「死」や「生」に対するとらえ方が異《こと》なるのは当然だと思います。あるいは、みなさんも年齢《ねんれい》を重ねていくうちに考えが変化すると思います。だから、大切なことは今の時点で真《しん》剣《けん》に考えてみてほしいと思っています。

バリアフリー

だれもが自由に生活することが望ましい社会だと思います。行動の自由を保障《ほしょう》するためにバリアフリー（障壁除去《しょうへききじょきょ》）になっていることはいうまでもありません。

たとえば、横断《おうだん》歩道を渡《わた》って、歩道に入るところに段差《だんさ》があります。たった五センチでも車いすの人にとっては、バリアになってしまいます。ところが、わずか五センチの段差《だんさ》ですが、視覚障《しかくしょう》がい者《しゃ》の人にとっては、大切な段差《だんさ》なのです。視覚障《しかくしょう》がい者《しゃ》の人は、白杖《はくじょう》の先でこの段差《だんさ》を探《さが》して、横断《おうだん》歩道から歩道に入ったことが確認《かくにん》できるのです。盲導犬《もうどうけん》にしてもそうです。この段差《だんさ》を確認《かくにん》し前足をかけて止まります。そうして盲導犬《もうどうけん》使用者に伝えるのです。ですから、横断《おうだん》歩道と歩道の段差《だんさ》は、車いすの人にとってはバリア、視覚障《しかくしょう》がい者《しゃ》には必要なのです。

駅や街中などでよく見かける黄色いボツボツのあるブロック、あれは点字誘導《ゆうどう》ブロックといいます。視覚障《しかくしょう》がい者《しゃ》にとっては、点字誘導《ゆうどう》ブロックが大切な道標《みちしるべ》になります。ところが、車いすの人にとっては、悪路になってしまいます。

このように、ひとことでバリアフリーといっても、障《しょう》がいが異《こと》なると一方にはバリアフリーになり、他方にはバリアになってしまうのです。それぞれの障《しょう》がい者団体《しゃだんたい》で話し合っていますが、ひとことでバリアフリーといっても難《むずか》しいことなのです。

見え方は十人十色

視覚障《しかくしょう》がい者《しゃ》といってもその見え方はさまざまなのです。わたしも全盲《ぜんもう》といっていますが、まったく真っ暗な世界ではありません。左目にわずかに光を感じる部分があります。「光覚《こうかく》」といいます。そのおかげで視界《しかい》ゼロの深い霧《きり》の中にいるような感じで、ときどき明るさを認識《にんしき》できることもあります。そんなわずかな「光覚《こうかく》」を守るために、メガネをかけているのです。

トントントンと階段《かいだん》もリズミカルにのぼって行く。（皆野町立皆野中学校）

カーテン越《ご》しの暖《あたた》かな日差しについウトウト。つかの間の休憩《きゅうけい》。（長瀞《ながとろ》町立長瀞《ながとろ》中学校）

また、こんな人もいます。白杖《はくじょう》で足元を確認《かくにん》しながら、電車に乗ってきた人がいます。白杖《はくじょう》で空いている席を確認《かくにん》して座《すわ》ります。白杖《はくじょう》を折りたたんでバッグにしまい、代わりに本を出して読み始めます。さて、この人はどういう人なのでしょうか？　白杖《はくじょう》を持っているから目が不自由だと思ったら、本を読んでいる。はたしてこの人は視覚障《しかくしょう》がい者《しゃ》をよそおっている人なのでしょうか。いえいえ、そうではありません。視野《しや》が極端《きょくたん》に狭《せま》くなっている人なのです。五十円玉の穴《あな》からのぞいているような視野《しや》なのです。試《ため》しにあなたも片《かた》目《め》をつぶって、五十円玉の穴《あな》からのぞいてみてください。本を読むことはできますが、それで歩き回ることはできないでしょう。でも、そういう視覚障《しかくしょう》がい者《しゃ》もいます。

また、本も目に近づければ見えるし、視野《しや》もあるので一人で行動できる弱視《じゃくし》という視覚《しかく》障《しょう》がい者《しゃ》もいます。ところが弱視《じゃくし》の人の中には、夜暗くなると、はたと見えなくなってしまうという夜盲《やもう》の人も多いのです。

生まれてまもなく失明した男性《だんせい》をガイドして出かけるという人が、「その人はエスカレーターに乗ったことがないというので、どう説明したらいいかわからない。触《さわ》るわけにいかないしね」と困《こま》っていました。

このように視覚障《しかくしょう》がい者《しゃ》といっても、見え方は十人十色で一人ひとり異《こと》なります。それから、いつ見えなくなったかというのも大事な要素《ようそ》なのです。生まれつきや生まれてまもなくなのか、中途《ちゅうと》だったのかというのは大事なことなのです。

この本を読んだみなさんは、白杖《はくじょう》を持っている人はみんな全盲《ぜんもう》だなんて思わないでください。さらにこの本を読んで、白杖《はくじょう》をついている人を見かけたら、「何かお手伝いしましょうか」と声をかけてください。そして、いつの日かあなたが視覚障《しかくしょう》がい者《しゃ》をガイドすることになったとき、「少しは見えるのですか」「いつごろから見えないんですか」と聞くことは、その人を傷《きず》つけることにはなりません。むしろ的確《てきかく》にガイドしようとしたら聞く必要があるのだということを覚えておいてください。

あなたの声かけやガイドで、助かったり、温かい気持ちになったりする障《しょう》がい者《しゃ》もたくさんいると思います。そしてあなたは、「思いやりホルモン」が出て健康になれるのです。

気配りが逆《ぎゃく》に差別を生んでしまう例を紹介《しょうかい》します。

駅のホームで小さな女の子がお母さんと手をつないで電車を待っています。そこに白杖《はくじょう》を左右に振《ふ》って男の人が歩いてきます。お母さんは杖《つえ》のじゃまにならないように、避《さ》けながら、子どもに「よけいなことをいうんじゃないのよ」とばかりに、強く手を引いてきつく目で制《せい》します。

その女の子は（何で白い棒《ぼう》を振《ふ》っているのか、お母さんに聞こうと思ったら、あんな怖《こわ》い顔をしている。きっとあのおじさんは怖《こわ》い人なんだ）と思ったことでしょう。

お母さんはその女の子がよけいなことをいわないように気配りをしたつもりでも、結果としては女の子に差別や偏見《へんけん》の種をまいてしまうことになりました。これは、わたしが白《はく》杖《じょう》で駅の歩行訓練《くんれん》をしていたときに、うしろにいた歩行指導員《しどういん》の人から聞いた話です。

今はどうでしょう。

子「あっ！　ワンワン！」

母親「ワンワンなんて、ここにはいないわよ」

子（指差して）「そこ、ワンワン、ワンワン」

母親（優《やさ》しい笑顔《えがお》で）「まあ、ワンワン。あのワンワンはね、目の見えないおじさんを案内しているおりこうなワンワンなのよ」

わたしは、（そのおりこうなワンワンを使っているおじさんは、もっとおりこうなんだよ）と心でつぶやきながら、親子の前を胸《むね》をはって通り過《す》ぎます。

障《しょう》がいのあるものを助けることは、人間しかできないのではないかと考えます。

たとえば、野生のサルに病気や事故《じこ》で目の見えないサルが生まれたとします。小さいうちは母親ザルからえさを与《あた》えられたり、抱《だ》っこやおんぶをしてもらったりして移動《いどう》できます。やがて、目の見えないサルは大きくなり、母親ザルは抱《だ》っこやおんぶもできなくなり、群《む》れについていけなくなるでしょう。そうなると、野生の目の見えないサルは生きていくことはできません。そんなことを考えると、障《しょう》がいがあっても生きていけるのは人間社会だけなのではないかと思います。いいかえれば人間社会にしかできない崇高《すうこう》なことではないかと思います。

支《ささ》えになった言葉

「障《しょう》がいは不便である。しかし、不幸ではない」というヘレン・ケラー（一八八〇年〜一九六八年）の言葉があります。障《しょう》がいがあることは、生活していくうえで不便なことがあります。けれども、障《しょう》がいがあることが決して不幸なことではないということです。この言葉はわたしの心のよりどころです。

さらにヘレン・ケラーは「希望は、人を成功に導《みちび》く信仰《しんこう》である。希望がなければ何事も成就《じょうじゅ》するものではない」とも語っています。希望は、人が生きていくうえでの心のよりどころであると思います。だから、希望がもてないということがいちばんの不幸なことであ

狭《せま》い机《つくえ》の間も慣《な》れた足取りで机間指導《きかんしどう》。（長瀞町立長瀞中学校）

「おはよう。今日も元気で楽しく勉強しましょう」（皆野町立皆野中学校）

ると思います。そして、希望の実現《じつげん》に向けて努力していくことが幸福につながるのだと思います。

ヘレン・ケラーは、アメリカの教育家、社会福祉《ふくし》活動家、著作家《ちょさくか》でした。「見る・聞く・話す」重複《ちょうふく》する障《しょう》がいがありながらも、世界各国で、障《しょう》がい者《しゃ》の教育・福祉《ふくし》に尽《つ》くしました。日本にも三度訪《おとず》れています。

幼《おさな》いころに高熱にかかり、医師《いし》の懸命《けんめい》な治療《ちりょう》と家族の看病《かんびょう》により、かろうじて一命はとりとめたものの、聴力《ちょうりょく》、視力《しりょく》、言葉を失い、話すことさえできなくなりました。両親からしつけを受けることのできない状態《じょうたい》となり、非常《ひじょう》にわがままに育ってしまいます。

一八八七年（明治二十年）、ヘレンの両親は聴覚障《ちょうかくしょう》がい児《じ》の教育を研究していたアレクサンダー・グラハム・ベル（電話の発明者）のもとを訪《おとず》れました。そして、ベルの紹介《しょうかい》で盲《もう》学校の校長に家庭教師《きょうし》を依頼《いらい》したところ、派遣《はけん》されてきたのが、同校を優秀《ゆうしゅう》な成績で卒業した当時二十歳《さい》のアン・サリヴァンでした。サリヴァンは小さいころから弱視《じゃくし》であったため、自分の経験《けいけん》を生かしてヘレンに「しつけ」「指文字」「言葉」を教えたのです。そのおかげでヘレンは、あきらめかけていた「話すこと」ができるようになりました。サリヴァンはその後も、約五十年間にもわたり、よき教師《きょうし》として、友人として、ヘレンを支《ささ》えていくことになりました。

「できないことを数えずに、できることを数えなさい」

この言葉は、リハビリテーションセンターで点字や白杖《はくじょう》での歩行訓練《くんれん》を受けていたときに、先生からいわれたものです。

視力《しりょく》を失い、そのためにできなくなったことを数えて嘆《なげ》いているよりも、できるようになったことを数えて喜びなさい、ということだと思います。どんなに嘆《なげ》き悲しんでも、失った視力《しりょく》が戻《もど》るわけではないのです。前向きなプラス思考が生き方を変えると思います。

「障害者権利条約《しょうがいしゃけんりじょうやく》」

二十一世紀はじめの国連の権利条約《けんりじょうやく》である「障害者権利条約《しょうがいしゃけんりじょうやく》」が、二〇一四年（平成二十六年)、日本でも取り入れられました。日本では今まで、障害者基本法《しょうがいしゃきほんほう》の改正や障害《しょうがい》者《しゃ》差別解消法《かいしょうほう》の成立など、関連する法律《ほうりつ》を整備《せいび》してきましたが、ようやく日本もこの条約《じょうやく》に向けて動き出しました。

障害者権利条約《しょうがいしゃけんりじょうやく》とは、「すべての人とともに障《しょう》がいによって分けへだてのない、だれもが住みやすい社会」の実現《じつげん》を目的としたものです。簡単《かんたん》にいえば障《しょう》がいに基《もと》づく差別をなくすことです。

たとえば、障《しょう》がい者《しゃ》から何らかの配慮《はいりょ》を求める意思表示があった場合、求められた事業体(会社や学校など)は過度《かど》の負担《ふたん》にならない程度《ていど》で、社会的障壁《しょうへき》(バリア)を取り除《のぞ》くために必要な合理的配慮《はいりょ》を行わなければならないという規定《きてい》です。こうした配慮《はいりょ》をおこたることによって、障《しょう》がい者《しゃ》の権利《けんり》や利益《りえき》が侵害《しんがい》される場合は差別にあたるとみなされるのです。合理的配慮《はいりょ》とは、障《しょう》がい者《しゃ》一人ひとりの必要を考えて、その要望《ようぼう》に応《おう》じた変更《へんこう》や調整などを過度《かど》の負担《ふたん》にならない程度《ていど》に行うことです。

具体的には、視覚障《しかくしょう》がい者《しゃ》のために音声信号や点字誘導《ゆうどう》ブロックなどの安全設備《せつび》をつけたりすることです。また、各種試験において、点字や拡大文字《かくだいもじ》、音声パソコンなどの準備《じゅんび》をすることです。

車いすの使用者には、スロープを設置《せっち》したり、部屋やトイレの入り口を広げたり、机《つくえ》の高さを調整したりすることだといえます。エレベーターを設置《せっち》するのは、会社の過度《かど》の負《ふ》担《たん》になるが、昇降機《しょうこうき》であればどうかといったことです。

では、障《しょう》がい者《しゃ》に対する差別はなぜ許《ゆる》されないのでしょうか？　それは、だれ一人として望んで障《しょう》がい者《しゃ》になった人はいないからです。自分の意思に反して障《しょう》がい者《しゃ》になってしまったのです。

たとえば階段《かいだん》や段差《だんさ》があり、車いすの人が自由に移動《いどう》できないのはどこに原因《げんいん》があるのでしょうか？　車いすの人に原因《げんいん》があるのでしょうか。いえ、車いすに原因《げんいん》があるのではなくて、車いすが通行できない環境《かんきょう》に原因《げんいん》があるのです。

今までの環境《かんきょう》に原因《げんいん》があるという考えからさらに進んで、障害者権利条約《しょうがいしゃけんりじょうやく》では、障《しょう》がい者《しゃ》の求めに対して、改善《かいぜん》しないのは差別であるといっています。

周囲を見回しても、階段《かいだん》や段差《だんさ》ばかりです。どうして車いすが自由に通行できる環境《かんきょう》になっていないのでしょうか。それは車いすの人が少ないからです。ここで想像力《そうぞうりょく》をはたらかせてみてください。二本足で歩行する人より圧倒的《あっとうてき》に車いすの人が多かったら、環境《かんきょう》はどう変わると思いますか？　あらゆるところの段差《だんさ》や階段《かいだん》がなくなるでしょう。学校もエレベーターとスロープだけになってしまうかもしれません。教室にもいすはいらなくなるでしょう。電車やバス、自動車にもいすはなくなるかもしれません。車いすの人が圧倒的《あっとうてき》に多ければ、そういうことになります。障《しょう》がいということではなくて、少数だからという原因《げんいん》なのです。そして、たとえ少数であろうと一人であろうと、だれにも行動の自由は保《ほ》障《しょう》されなければならないのです。

電車やバスにいすがなくなったら、あなたは疲《つか》れるからいやだなあと思うかもしれません。けれども、決して乗れないわけではありません。しかし、車いすの人にとっては電車に乗るどころか駅にも行けない状況《じょうきょう》だったりするわけです。

もしかすると、人類は大脳《だいのう》ばかり発達してしまい、足が退化《たいか》して、自力歩行ができなくなりすべての人が車いすになってしまうかもしれません。それは極端《きょくたん》な話ですが、現在《げんざい》の日本は世界で最も長寿国《ちょうじゅこく》です。そして、超高齢化社会《ちょうこうれいかしゃかい》です。人はだれでも年をとれば、目や耳、足腰《あしこし》が不自由になります。街のバリアフリー化などは急がねばならない課題《かだい》だと思います。もちろん、ほかの国々でも高齢化社会《こうれいかしゃかい》は課題《かだい》ですが、その先頭をいく日本の対策《たいさく》は他国から注目されています。

障《しょう》がい者《しゃ》の中には、いまだに差別や偏見《へんけん》に苦しんでいる人も多くいます。障《しょう》がいのある自分を受け入れて、自分らしく胸《むね》をはって歩ける社会であってほしいと願っています。もしかしたらわたしの中にも、障《しょう》がい者《しゃ》に対する差別や偏見《へんけん》があったのだと思います。三十四歳《さい》のときに失明したわたしは、見えないことに絶望《ぜつぼう》しました。でも、その絶望感《ぜつぼうかん》の中に、自分が見えていたときに抱《いだ》いていた障《しょう》がい者《しゃ》に対する差別や偏見《へんけん》があり、今度は自分が差別されたり、偏見《へんけん》でみられる側になったりするという恐《おそ》れがあったのだと思います。だからわたしは見えないということと、自分の弱い心と向き合わねばならなかったのだと思います。見えなくなって見えてきたものには、自分自身の弱い心や醜《みにく》い心もあったように思います。

ここでみなさんに伝えたいことは、「みんな一人ひとりが違《ちが》います。一人として同じ人はいません。わたしとみなさんも違《ちが》います。だれもが互《たが》いの違《ちが》いを認《みと》め合うことが必要です。そのうえで、他人を思いやる心をもってほしい」ということです。

わたしも『全盲先生《ぜんもうせんせい》』などと、新聞やテレビでいわれます。確《たし》かに理解《りかい》しやすいとは思いますが、本当はうれしくありません。わたしは新井先生ですから……。新井先生で、たまたま全盲《ぜんもう》で、たまたま盲導犬《もうどうけん》を使っているのです。わたしのように、障《しょう》がいのある先生がもっと増《ふ》えていくことを望んでいます。そして、わたしのような存在《そんざい》が、テレビや新聞で取り上げる価値《かち》がない、当たり前の時代になってほしいと思っています。なぜなら、それが当たり前の社会だと思うからです。

1B教室

あとがき

見えなくなって見えてきたもの

わたしは三十歳《さい》ころまで平凡《へいぼん》に生きてきました。多くの人が通ってきた道を何の考えももたず歩んできました。ところが三十四歳《さい》のときに失明しました。突然《とつぜん》、奈落《ならく》の底に落ちてしまいました。出口の見えない暗闇《くらやみ》の中でもがき苦しみました。

やがて、暗闇《くらやみ》の中からはい出し始めました。そして、道のないところを一歩一歩、歩き出したのです。道がないのですから、だれも先を歩いていません。そこが歩ける道なのかもわかりませんでした。歩みはカメのごとく遅《おそ》いのですが、とにかく歩いてきました。ときにはひっくり返ってカメのようにもがいていました。

そんな道なき道を歩いてこられたのは、手をつないでくれた人がいたからです。腕《うで》を貸《か》してくれた人がいたからです。うしろから声をかけてくれた人がいたからです。

気づくと、多くの人に支《ささ》えられて歩いていたのです。常《つね》に一人ではなかったのです。

二十代のころは、だれもが通る道を通っていたので、自分の力で、自分のペースで、自分一人で歩いていたと思っていたのです。もしかしたら、いつまでも気づかないわたしに感謝《かんしゃ》の気持ちをもつようにと、神様が気づかせてくれたのかもしれません。

今、全盲《ぜんもう》のわたしがこうして教師《きょうし》をやっているのは、特別に努力をしたからではありません。特別に強い意志《いし》をもっていたからでもありません。絶望《ぜつぼう》し、先のことなど考えられなかったわたしに、「新井《あらい》さんも教師《きょうし》に戻《もど》れるよ」と宮城道雄《みやぎみちお》先生から声をかけられたのがきっかけです。そのことでわたしの気持ちが前向きになっただけだと思います。そして、家族や多くの人に助けられて、今があります。そして、これからも多くの人に支《ささ》えられて生きていくと思います。

この本を読んでくれたみなさんが、気持ちのもち方が大切なんだなあと気づいてくれればそれでよいと思います。

わたしは全盲《ぜんもう》で盲導犬《もうどうけん》リルといつもいっしょです。みなさんの通っている中学校にはそんな先生はいないでしょう。でも、まわりの先生を見てください。一人として同じ先生はいません。生徒も同じ制服《せいふく》を着ていても、一人として同じ人はいません。みんな違《ちが》うのが当たり前です。みんな違《ちが》うから、おもしろいのです。みんな違《ちが》うから、いいのです。そして、その互《たが》いの違《ちが》いを認《みと》めることの大切さを知ってください。

「大丈夫《だいじょうぶ》ですか？」「何かお手伝いしましょうか？」

そんな言葉に、わたしは何度となく助けられてきました。困《こま》っている人や悩《なや》んでいる人が「助けて！」と声を出すのは大変な勇気が必要です。

あなたが困《こま》っている人と出会ったとき、ちょっと勇気を出して声をかけてくれたら、とてもうれしいです。あなたのひとことで救われる人がいます。あなたのひとことで助かる人がいます。

今、中学校で教えていますが、本当は教えているつもりが、みなさんから教えてもらうことのほうが多いと思います。みなさんに何らかの影響《えいきょう》を与《あた》えるより、影響《えいきょう》を受けるほうが多いと思います。みなさんを助けようなんて思っていません。みなさんに助けられることばかりです。

みなさんの吸収力《きゅうしゅうりょく》や柔軟性《じゅうなんせい》はすばらしいものがあります。今まさに一分一秒確実《かくじつ》に成長しています。その成長の速度は本当に驚《おどろ》くばかりです。そんな成長期のみなさんと時間を共有できることは本当に幸せだと思っています。

わたしは、多くの人に支《ささ》えられて生きてきました。多くの人に助けられて生きてきました。そして、見えなくなって人の優《やさ》しさが見えてきました。

今まで支《ささ》えていただいた多くの人、助けていただいた多くの人に感謝《かんしゃ》の気持ちでいっぱいです。本当にありがとうございました。

そして、これからも多くの人に出会い、支《ささ》えてもらい、助けてもらいながら歩んでいくことでしょう。

二〇一五年十一月

新井淑則《あらいよしのり》＆リル

著者／新井淑則（あらい　よしのり）

1961年、埼玉県生まれ。中央大学文学部卒業後、埼玉県内で中学校の国語教師になる。28歳のとき、右目に網膜剥離を発症。その後、養護学校に異動するが、34歳で、左目も失明、全盲になる。約半年間、自宅に引きこもり、絶望の中で自殺も考える。だが、妻や家族の支え、視覚障がいの高校教師との出会いなどをきっかけに復職を決意。37歳で、盲導犬とともに養護学校に復職。その後、盲学校に勤務。2008年4月（46歳）、埼玉県秩父郡長瀞町立長瀞中学校に赴任。2014年4月（52歳）、長瀞中学校でクラス担任（1年Ｂ組）になる。2015年4月（53歳）、埼玉県秩父郡皆野町立皆野中学校に赴任。市民団体「ノーマライゼーション・教育ネットワーク」の代表として、障がい者と健常者がよりよく共存できる社会や教育現場を実現するための活動を続けている。

取材協力／埼玉県秩父郡長瀞町立長瀞中学校
　　　　　埼玉県秩父郡皆野町立皆野中学校

写真撮影／片野田 斉
装丁／ＤＯＭＤＯＭ
編集協力／内田直子

参考文献／『トリックアートト図鑑 だまし絵』
（監修／北岡明佳、構成・文／グループ・コロンブス、あかね書房）

ノンフィクション　知られざる世界

光を失って心が見えた

全盲《ぜんもう》先生のメッセージ

新井淑則／著

初版発行 2015年11月

第6刷発行 2016年8月

発行所　株式会社　金の星社

〒111-0056　東京都台東区小島1-4-3

TEL 03-3861-1861（代表）　FAX. 03-3861-1507

http://www.kinnohoshi.co.jp

振替　00100-0-64678

印刷・製本　図書印刷株式会社

NDC916　166 p　22cm　ISBN978-4-323-06090-3
